気づくだけで人生が好転する
思考のレッスン

思考の学校 校長
大石洋子

ビジネス社

はじめに

こんにちは！「思考の学校」の校長、大石洋子と申します。

思考の学校って何をするんですか？　とよく聞かれます。

ひと言で言えば、人生をもっと楽しんでハッピーな未来を創る方法を学ぶ場です。

楽しむとか、ハッピーとか……。現実はそんなふわふわキラキラじゃないよ。

そう思われる方も多いでしょう。実は、以前の私もそう思っていました。


ここで簡単な自己紹介をさせてください。

私は、バツイチ、子持ち。長年カウンセリングの仕事をしてきたのですが、人の心を扱う職業なのに、私自身の心はとても弱くて、コンプレックスだらけでした。

人間関係、パートナーシップ、お金……。何もかもうまくいかず、「どうせ私の人生、こんなもの」といじけて縮こまって生きていました。


そんなとき出会ったのが、「どんな現実もすべて自分の思考が創っている」とい

う考え方でした。

えっ、こんなつらい現実も私が創ったの?

最初は半信半疑でした。でも「そうかも」と腑に落ちたとたん、オセロの石が次々とひっくり返っていくように、人生がうまくいくようになったのです。

人って本当はこんなに幸せに生きられるんだ!

自分の人生は、自分の思い通りに創ることができるんだ!

それは、これまで感じたことのないような嬉しい衝撃でした。

本書でこれからお伝えするのは、そんな私が体験した人生を劇的に変える方法です。

私たちは、ただ運命に流されて生きているのではありません。

すべてあなた自身が創り出しています。だからこそ、すべてあなたの考え方一つで変えていけるのです。

さあ、いよいよ思考のレッスン、はじまりますよ!

現実はあなた自身の思考が創った
自作自演の映画のようなもの。
もっとステキなストーリーにしたければ、
シナリオは、あなた自身で
いくらでも書き換えることができます。

「思考の学校」校長　大石洋子

Part2

いよいよ潜在意識の扉を開きます ～思考に気づくためのワーク～

Part3

思考のクセをリセットして、もっとハッピーな私になる！

Part4

困った人、迷惑な人を寄せつけない思考法

Part5

幸せが長く続く！ 最高のパートナーシップの創り方

Part6

気づくだけでお金がザクザク入る!

Part7

夢を叶える思考法

Prologue

パッとしない人生を本気で変える!

潜在意識って何？

人生が思い通りにならなくてつまらない。

願っているのに望みが叶わない。

いつも人間関係でウジウジ悩んでいる。

なんだかパッとしない人生、イマイチの人生、こんなハズじゃなかった人生……。


そんな人生を180度ガラリと好転させる方法があります。

誰かの手を借りる必要はありません。強い意志の力や行動力もいりません。

それが、自分の思考を変える方法です。

思考を変えるといっても、昔から言われてきたような「マイナス思考をやめましょう」とか「ものは考えようだよね、ドンマイ！」のような話ではありません。

今からあなたと一緒にアプローチするのは、潜在意識の領域です。

潜在意識は、私たちが自覚できない意識のことで、意識全体の95%ものウエイトを占めています。一方、自覚できる顕在意識《けんざいいしき》はたったの5%しかありません。普段自分で考え、意識的に行動しているつもりでも、実は、潜在意識にコントロールされて無意識に動いていることのほうが多いのです。

たとえばあなたが遅刻しそうなとき、一生懸命言い訳を考えるのが顕在意識。「どうしよう……」と、胸のあたりをザワザワ不安にさせるのが潜在意識。

潜在意識には、過去に思ったことや考えたことのすべて（本書では、これをまとめて思考と呼びます）が蓄積されています。ザワザワの正体は、「また課長にネチネチ怒られる」かもしれないし、以前同僚から向けられたケーベツの眼差しが「恐い」かもしれません。

それが何かの拍子にパッと出てくるんですね。顕在意識でなら「1分でも早く着けるように、乗り換えアプリを調べてサッサと支度!」と冷静に考えられるのに、潜在意識のネガティブな記憶がよみがえって「あ〜、イヤだ。いっそ今日は休んじゃえ」などと、ナゾの極端な行動に走ってしまう……。

さすが95%も占める潜在意識のパワー、恐るべしなのです。

目の前の現実は、鏡に映ったあなた

潜在意識のこと、なんとなくわかっていただけたでしょうか？

では、ここからが本題です。

まず結論を先に言ってしまいましょう。**実は、今あなたの目の前にある現実は、この潜在意識にたまったあなたの過去の思考によって創られているのです。**

たとえば、潜在意識に「イチゴのショートケーキが食べたい」という思考がたまっていたとします。すると、ある日、家に遊びにきた友人が、お土産にショートケーキを持ってきてくれたりします。

「○○ちゃん、元気にしてるかな？」と昔の同級生を懐かしむ思考がたまると、駅でバッタリその○○ちゃんに会ったりします。

「わぁ、偶然！　どうしてるかな？　って思ってたところなんだよ」

嬉しいサプライズですね。でも、それは偶然でもマジックでもありません。あなたの潜在意識に一定量たまっていた思考が、ただ目の前に現れただけ。あなたが自分で現実化したのです。

ここでひとつ実例をご紹介しましょう。

私のところには、不登校のお子さんを持つお母さんが相談にみえることがよくあります。

Aさんもその一人です。Aさんのお子さんはもう何年も学校に行かず、部屋に引きこもってゲームばかり。ご両親とはろくに口も聞かず、何か言えば「うるさい、指図するな!」と暴れて物を壊すなど、手がつけられない状態です。

こんなとき、たいていのお母さんは、「どうしたらあの子を変えられますか?」と必死です。専門家の先生にアドバイスしてもらおうか、ためになる本を読ませようか、転校させようか……など、わが子に何をしてあげるべきかを一生懸命考えます。

でも、お子さんには何もしなくていいんです。

なぜなら、現実は自分、つまりお母さんの思考が創っているからです。変えるべきなのは、お子さんではなくお母さん。お母さん自身の思考なのです。

そこで、Aさんには、ご自身の潜在意識のなかにどんな思考があるか見てもらいました(その方法はPart2で詳しくお伝えしますね)。

すると出てきたのは、Ａさん自身が子どもの頃、学校に行くのがイヤでイヤでたまらなかったこと、何かあるとムシャクシャして物を投げたり、壁をバンバン叩いたりしていた記憶でした。

現在のＡさんは、もの静かな上品な方で、とてもそんなふうには見えません。でも、潜在意識にはそんな攻撃的な思考も眠っていたのですね。

Ａさんがそこに気づいて受け入れたとき、お子さんが突然学校へ行くようになりました。頼み込んだわけでも、お子さんへの接し方を変えたわけでもありません。

お母さんの思考が変わったから、現実が変わったのです。

まさか!?　と思うかもしれません。でも、これまで同様のケースで相談にいらした方のほぼ１００％が、この方法で問題を解決しています。早い方で3か月、遅くても約半年で「もうどうしようもない」とあきらめかけていた現実が変わったのです。

たとえば顕在意識で「ステキな恋人がほしい」と願っていても、意識の95％を占める潜在意識が「どうせ私は愛されない」と思っていれば、現れるのは誰にも愛されない現実です。

顕在意識で「お金持ちになりたい」と願っていても、潜在意識が「親も貧乏だったし、どうせムリ」と思っていれば、現れるのは毎月お金が足りなくなる現実です。

◎それって私が悪いの？　私のせい？

⬇心配しないでください。思考のレッスンをするのは、あなたの行いが「良いか悪いか」を決めるためじゃありません。**「自分の潜在意識のどの思考が現実として現れたのかな？」を知って、そこを癒やすだけなのです。**

◎いや、いや、いや……。そんなの偶然だし

⬇**いいえ。すべてはあなたが創っています。**

もし現実が、あなたの思考に関係なく勝手にやってきたものだとすれば、今の現実は変えようがありません。でも、「どんなことも自分が創っているんだな」と思えれば、その分、現実はいくらでも変えられるのです。

だったら、そう思ってしまったほうがトクじゃありませんか？

◎どうせ変わらない

⬇ そう思えば、変わらない日常が続くだけです。

◎やっぱり信じられない

⬇ 潜在意識は目に見えません。だから、信じても信じなくても自由です。

ただ、仮説でいいので1回信じてみてください。「ふ〜ん、そうなんだ」と思ってやってみてください。

私も応援しています。あなたが一歩前に進むきっかけになれたら嬉しいです。

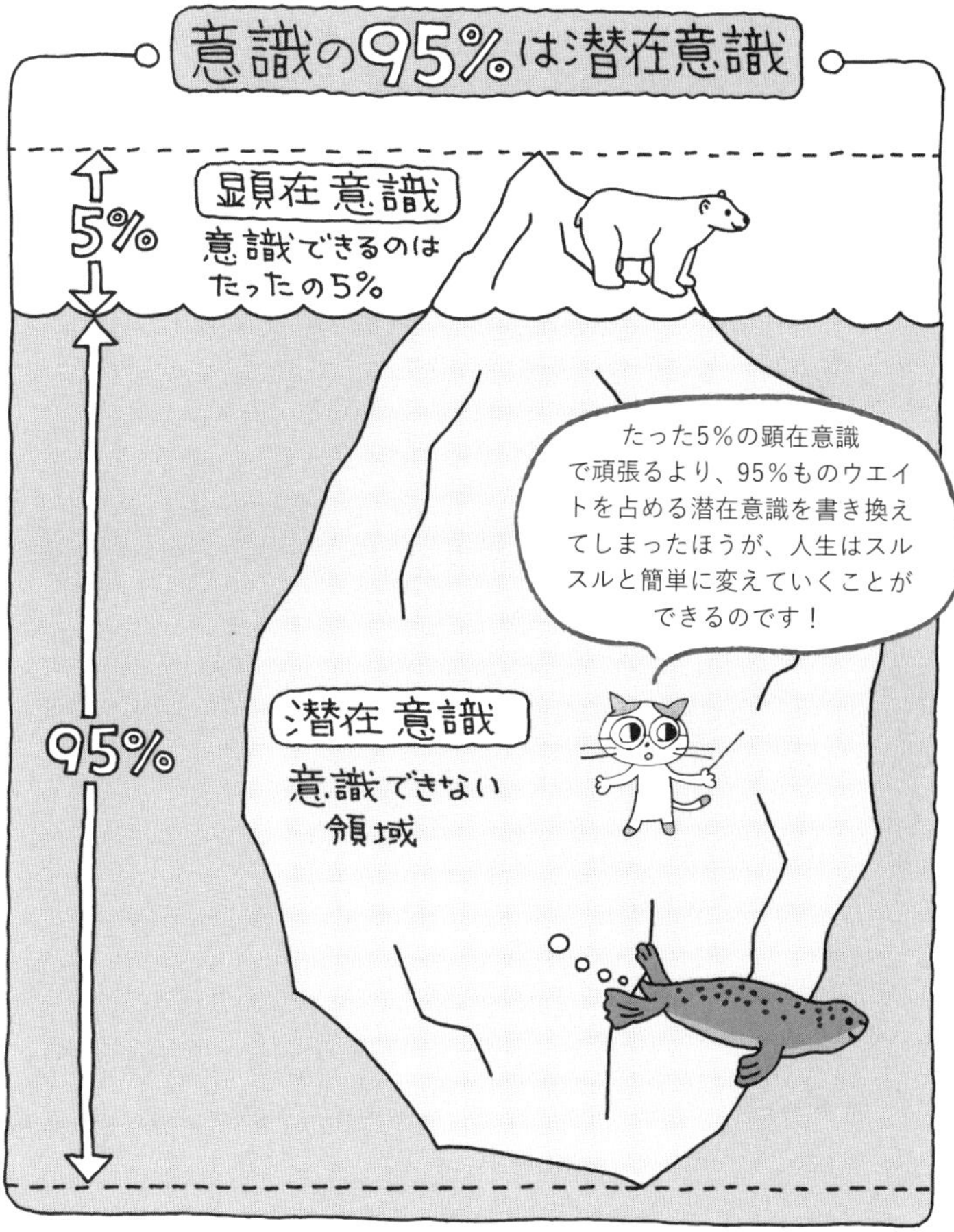

顕在意識と潜在意識は、よく氷山にたとえられます。海の上にぽっかり浮かんだ見える部分が顕在意識で、全体の5%。水面下にあって見えないのが潜在意識で、全体の95%。最近では、顕在意識はわずか1%で残りの99%が潜在意識、なんていう説もあります。つまり、私たちが自覚できている意識は、氷山の一角でしかないというわけです。

Prologueのまとめ

意識の95%は
自覚できません

現実は
すべてあなたが
創っています

相手を
変えたければ、
あなた自身の
思考を変えれば
いいだけ

どんな思考が
あってもOK。
そこに
良い悪いはない

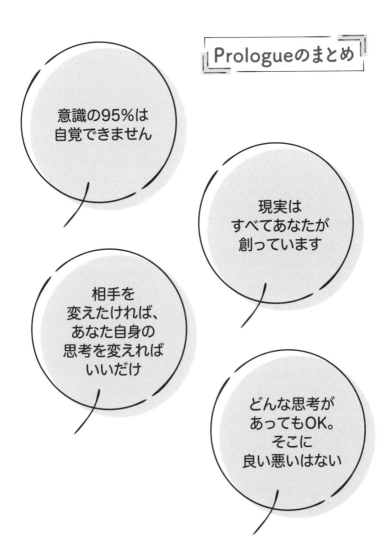

Part1

子どもの頃の「思い違い」から卒業する

思い出したくない。でも思い出してほしい親との関係

・どうせ私は愛されない ⬇ 目の前に現れる人、現れる人、あなたを愛してくれない人ばかり
・あんな人、失敗しちゃえばいいのに ⬇ あなたが失敗する
・私っていつも貧乏クジばかり引かされちゃう ⬇ イヤと断れない現実が押し寄せる

こんなふうに、あなたが思ったこと、考えたこと（思考）が現実を創っています。

でも、これをお話しすると「私、そんなこと思ったり、考えたりしてません」とおっしゃる人がいます。

そうなんですね。確かに今のあなたは、そんなこと思ってないかもしれません。**ただ、思考の現実化にはタイムラグがあります。**潜在意識の奥に眠っていてすっかり忘

れていた何年も前の思考が、ある日突然、あなたを困らせたり悩みのタネになるような出来事として目の前に現れることがあるのです。

その思考のベースとなるのが、0歳から6歳くらいまでの記憶です。

0歳から6歳というと、自分一人では何もできず親に依存してきた時代です。なので、ほとんどの思考が親との関係のなかで生まれます。

たとえば親が共働きで忙しかったことが「私は大切にされてない」の思考につながったり、叱られたことが「私は嫌われてる」の思考になってしまったり。

本当は、わが子を大切に思わない親など一人もいません。ですから、それはまったくの思い違い。ただ、幼い脳では大人の心境はまだ理解できないため、思い違ったまま潜在意識のなかに頑固にこびりついてしまうのです。

両親との関係を見直して人生が好転

私自身もそうでした。私は両親のことが大嫌いでした。

まだ小学生くらいの頃から、ほかの子たちのように親と楽しくおしゃべりしたこともなく、中学生になるともう完全に拒絶。親とはひと言も口をきかない子どもになっていました。高校時代には不良仲間ができるというお決まりのコースで、外で問題を起こしたことも何度かありました。

普通、ある程度の年齢になれば反抗期もおさまるといわれます。でも私の場合、筋金入りのひねくれ者。高校卒業後に家を出たきり、結婚したときでさえ親には連絡しなかったくらいです。

私が親を嫌いになった理由。それは、今思えばとても些細なこと。妹が生まれて育児にかかりきりになる両親を見て、「私は愛されてない」「どうせ私より妹のほうがかわいいんでしょ」と勝手にイジケてしまったのがきっかけでした。完全な私の思い違いです。

最初は小さな思い違いかもしれません。
でも、それが潜在意識に積もり積もると、現実になります。

大人になった私は、社会人としてちゃんと働き家庭も持ったのに、どうしようもない欠落感があり、いつも不安でした。

何をしてもどこかで「どうせ私なんか……」と自信が持てないし、人間関係を築いても「すみません、私なんか愛されっこないですよね」とウジウジ、モジモジ。

本当に人生こじらせまくりで、仕事もお金もパートナーシップも、ことごとくうまくいきませんでした。

「はぁ、生きるのってつらい……」

そんな私が思考の勉強を通して、「この悩みだらけの現実は、ほかの誰でもない私自身が創ったんだ」ということを知ったのです。

すると、あんなに嫌いだった両親との仲が劇的に良くなりました。**そして、起こる出来事すべてが好転しはじめたのです。**

目の前に映し出された映画の主人公は同じ私のまま。なのに、それまでの重苦しいストーリーが、突然明るくハッピーな物語に切り替わったイメージです。

子ども時代のことは思い出したくもないという人もいます。

記憶にフタをして、親の存在をなかったことにする人もいます。

でも、ちょっとだけ勇気を出して、幼い頃のあなたにワープしてみましょう。そこに必ず、あなたの人生を変えるヒントが隠されているはずです。

潜在意識は忘れない

親との関係のなかで生まれた思考は、いろいろな種類の悩みや困った出来事として現れます。

先日もこんなことがありました。何人かの友人とおしゃべりしていたときのことです。なかの一人がこう言いました。

「最近、他人を押しのけて歩く人や平気でぶつかってくる人が多くない？　しかも謝りもしないの。ホント迷惑よね」

道行く人のマナーの悪さに憤慨しているようです。

ところが、彼女以外の人は「そう？　私はあんまり感じないけど」とピンとこない様子。「あなただけじゃない？　強そうだから、ぶつかりがいがあるのかもね」と冗談めかした笑いになって、その話題は終わりになりました。

ただの世間話でしょ？　そう思われるでしょう。でも思考の仕組みから見ると、この話にはとても大きな意味があります。

「最近よく人がぶつかってくる」と言う友人をSちゃんとしましょう。実はSちゃんは、通りすがりの人に迷惑をかけられるだけでなく、職場でも身勝手な同僚に振り回されています。

「自分のミスの後始末を私に押しつけてくるし、仕事が残っているのに終業チャイムと同時に帰っちゃう。もうイラッとさせられることばかり」と。

そんなSちゃんのお母さんは、彼女が幼い頃から体が弱く病気がちでした。お父さんも仕事が忙しく、なかなかSちゃんの面倒を見てあげられませんでした。

そんななか、Sちゃんは子ども心に「親に迷惑をかけちゃいけない」「わがまま言っちゃいけない」と自分を抑え、〝いい子〟のまま大人になりました。時々「あれ買ってー！」と手足をバタバタさせて泣き叫ぶ小さい子を見かけますが、あんなふうに駄々をこねたことも一度もなかったそうです。

ですが、やはり子どもですから、時にはわがままも言いたかったでしょう。

たとえば「おやつのお饅頭は1個しか食べちゃダメ」と決められていたとして、自分は我慢しているのに、隣りの花子ちゃんがやってきて平気で2個パクパクと食べてしまったらどう思いますか？　イラッとしますよね。

私だって本当はお饅頭を2個食べたかった。

誰にも遠慮せず、好きなようにふるまいたかった。

もっと甘えたかった、かまってほしかった。

もうおわかりですね。Sちゃんの潜在意識には、そんな思考がたまっていたのです。

彼女にとって、道でぶつかってくる迷惑な人や職場の身勝手な同僚は、子どもの頃の花子ちゃん。思考が創った花子ちゃんが、現実に目の前に現れたということです。

この場合も、解決策は思考に気づいてあげることです。

「ああ、そうだったんだ。そんな私もいたよね」と優しく認めることで、迷惑な人はあなたの周りからフッといなくなります。

親を見下していませんか？

親との関係や思考の仕組みをさらにご理解いただけるように、ここで、実際に私がカウンセリングしたあるケースをご紹介しましょう。

●相談内容

キャバクラで働くKさんの悩みは、お店でまったく指名がつかないことです。自分では良い接客を心がけているつもりなのに、どういうわけかお客さんを怒らせて、グラスの水をかけられたり、罵声を浴びせられたりの日々……。

プライベートでも、お付き合いする男性は、そろいもそろって彼女にお金を貢がせるようなダメンズばかりです。

「私、何か悪いことしましたか？」

⬅

●カウンセリング

そんなKさんにご両親との関係を思い出してもらいました。

すると、彼女が気づいたのは、自分が父親のことをなんとなくバカにしていたことでした。

Kさんのお父さんは、小さな食料品店で働いていました。子どもたちをよく遊びに連れていってくれるような優しいお父さんです。ただ、優しい性格なだけに、町内会の集まりなどでは、ほかのお父さんたちにペコペコしたり、面倒な当番を引き受けさせられたりしてしまいます。

Kさんにとって、そんな父親の姿は、優柔不断で頼りなく見えました。だから、どこかでお父さんを見下していたのです。

潜在意識のなかに人を下に見る思考があると、あなたが誰かから見下され、軽く扱われる現実が創られます。

なぜなら、潜在意識には「主語を区別しない」という特徴があるからです。誰かに対して思っていることも自分に対して思っていることも、潜在意識のなかでは同じことして認識されるのです。

つまり、潜在意識にとっては「(私が)お父さんを見下している」のか「(誰かが)私を見下している」のかは関係ありません。ただ「見下す」という現実を創るのです。

会社員であれば、その現実が、モラハラ上司や会えば必ず嫌みを言ってくる同僚といったカタチで現れることもあるでしょう。Kさんの場合、それが、ひどい仕打ちをするお客さんや、お金を無心するダメ男だったというわけです。

➡思考を変える

自分がお父さんを見下していたことに気づいたKさんには、今度はお父さんの良いところを思い出してもらいました。

・いつも私を褒《ほ》めてくれた
・経済的には決して豊かじゃなかったのに、高校の卒業旅行に行かせてくれた
・困っている人がいると、よく親身になって話を聞いてあげていた

など、これまで忘れていた記憶がどんどんよみがえってきました。「お父さんは、本当は素晴らしい人だったんですね」とKさんの顔がみるみる明るくなりました。あとは「お父さん、今までお父さんのこと誤解していてごめんね」「今までこんなに大事に育ててもらってありがとう」の気持ちになれれば、Kさん自身が癒やされ、人を見下す思考も消えていきます。

⬇

●現実が変わる

Kさんはお店の人気ナンバー1ホステスになり、収入が何倍にも増えました。プライベートではダメ男が近づいてこなくなり、代わりに真面目で優しい男性と出会いました。今は水商売をやめ、その方と結婚して幸せに暮らしているそうです。

「見下し思考」をやめるだけで、ラッキーが降り注ぐ

例にあげたKさん以外にも、学歴がない、お金がない、生真面目なだけで面白味がない、身なりにかまわない……などの理由で、親を「恥ずかしい」と思ったり下に見てしまったことがある人は少なくありません。

なかには「自分が親を見下していたなんて！」とショックを受ける人もいます。「人を見下すなんて、いかにも意地悪で傲慢でイヤなやつ。私はそんな人間じゃない」と頑固に認めない人もいます。

でも、安心してください。思考と向き合うのは、あなたを責めるためではありません。ネガティブな思考は誰のなかにもあるもので、全然ダメなことではないんです。**むしろ、ネガティブな思考に気づけてラッキー！　なぜって、それに気づけば思考が変わり、人生をもっと良く変えられるから。**ネガティブな思考のなかには、あなたを良くするヒントがいっぱい詰まっているのです。

実際、親を見下すことをやめて、親の良いところに気づくと、今あなたの周りにいる人たちの良いところにも気づき、認めてあげられるようになります。

人間は自分が認められれば嬉しいし、相手のことも認めたくなるものです。だから、今度はあなた自身が周りのみんなから好かれ、応援されるようになります。そんなステキな循環が、人生をどんどんハッピーな方向に連れていってくれるのです。

では、見下し思考が創ってしまった、横柄な客やモラハラ上司、ネチネチと嫌みを言ってくる同僚はどうなるでしょう？

心配しなくても、あなたの前から自然なカタチで消えていきます。たとえば上司なら、異動の時期でもないのに、なぜか突然地方への転勤が決まって去っていったり、同僚なら転職したり。

そして、代わりに新しくやってくる上司や同僚は、きっとあなたのことを認めてくれる人でしょう。異動、転職などで、実際に人が入れ替わることもあれば、あんなに私に攻撃的だった上司の態度が急に１８０度変わって優しくなった！という経験をする人もいるでしょう。

それからもう一つ。意外な方向からも嬉しい変化がやってきます。

これはお父さんを認めたときに起こりやすいのですが、いざというとき、目上の人や格上の人に助けてもらいやすくなるのです。

たとえば病気になったときは、自然と良いお医者さんに巡り会って最高の治療をしてもらえます。何かの契約事やトラブルがあったとき、腕のいい弁護士さんがあなたの味方をしてくれます。

私のところにはプロのスポーツ選手も相談にみえるのですが、監督やコーチへの信頼感が増して、結果が出しやすくなったというケースもあります。

お父さんは、一般的なポジションとしては、家のなかで一番えらい人。そのお父さんを認めたことで、社会のなかでポジションが高いとされる人が、あなたを応援してくれるようになるというわけです。これも思考の現実化の一つです。

〝親ガチャ〟に当たりもハズレもない

ここまでお読みいただいて、いかがでしたか？

「うちの場合、思い違いじゃなくて、正真正銘の〝毒親〟なんです」

とおっしゃる方もいるでしょう。

確かにいろいろな親がいます。子どもを支配する親、否定する親、過干渉の親、虐待やネグレクト……。私のところへいらした相談者のなかには、父親や母親からひどい暴力を受けて育ったという方もいらっしゃいます。

それでも私がお伝えしたいのは、あなたを苦しめて喜ぶ親は、この世に一人もいないということです。

どんなひどい親も、もがきながらギリギリの思いで生きています。やむにやまれぬ事情や環境のせいで、自分でも望んでいない人生を歩まざるをえなかったのかもしれません。愛し方を知らなかっただけなのかもしれません。
生きづらかったはずです、苦しかったはずです。**ですから、全面的に認めることはできなくても、せめてその苦しさだけはわかってあげてほしいのです。**

最近は〝親ガチャ〟などという言葉があります。「私は好きでこんな親のところに生まれてきたわけじゃない」と、恨みがましく思っている人もいるかもしれません。でも、ハズレくじを引かされたと思えば、自分が被害者になるだけです。
思考の仕組みからいえば、その親を創ったのも自分なのです。「絶対許せない」と思えば、許せない親の姿が自分に投影されて、あなた自身のセルフイメージも下がってしまいます。気がつけば自分自身が、あんなに許せなかった親とまったく同じことをしてしまっているというのは、よくあることなんです。

許せないままではなく、ほんの少しでいいので「しんどかったね。つらい生き方だったね」と、ご両親に心を向けてみてください。その苦しさがきっとそのまま、あなたの苦しさ、生きづらさなんですよね。

それに気づけただけでも、人生にちょっと違う展開が訪れます。

ただ、今はまだ向き合う心の準備ができていないのであれば、ムリしないでくださいね。いつかあなたにとって「今かな?」と思えるような、ちょうどいいタイミングがきっと来ますので。

Part1のまとめ

0歳から
6歳くらい
までの記憶が
思考の根っこ

親との
関係のなかに、
運命を好転させる
カギがある

親を見下せば、
誰かに見下される

わが子を
愛さない親は
一人もいません

Part2

いよいよ
潜在意識の扉を
開きます

～思考に気づくためのワーク～

どうやったら潜在意識にアクセスできるの？

ここからは、自分で自分の思考に気づくためのワークを行っていきます。Part1で解説した親との関係のなかで生まれた思考と向き合ってみましょう。

●ポイントは紙に書き出すこと

潜在意識は、あなたが生まれてから今日このときまでの過去の思考が、すべて積み重なってグチャグチャの状態です。いったいどこから手をつけていいかわかりません。

そこでポイントとなるのは、まず紙に書くことです。

スマホやパソコンに打ち込むのと違い、手指を使って書くと脳の前頭前野の働きがより活発になるそうです。前頭前野は「記憶」の働きを担う部分です。ただ頭で考えているだけでは思い出さないことも、手を動かすうちに脳が刺激されて、「そういえば、あんなことがあったなぁ」と思い出しやすくなります。普段隠れている潜在意識の扉が開くのです。

なるべく静かな環境を選び、リラックスした状態ではじめてみましょう。

●準備するものは、紙とペンだけ

・鉛筆やボールペン（何色でもOK）

・この本のワークスペースに書き込んでもいいし、これだけじゃ足りないという方はお気に入りのノートや紙を用意してください

●ステップは大きく分けて2つ

ステップ1　ネガティブな思考を全部書き出す

ステップ2　ポジティブな思考を全部書き出す

●ステップ1　ネガティブな思考を全部書き出す

子どもの頃、ご両親に対して感じたイヤだったこと、ショックだったこと、やめて

ほしかったこと……などをじっくり思い出してみましょう。あなたが親に対して「こんなことを言ってしまった」「こんな態度をとってしまった」という苦い記憶があったらそれも書き出します。

人によっては、最初はちょっとつらいかもしれません。過去のイヤな記憶は、あなたが「見たくない、触れたくない」と、あえて封印してきたパンドラの箱のようなものだからです。

でも、Ｐａｒｔ１でもお伝えしたように、ネガティブな思考は誰もが持っているものです。自己啓発の分野では、「いい気分にフォーカスしよう」という教えもあり、確かにそれも大切です。ですが、ネガティブな感情を見たくなくてわざと目隠ししているのだとしたら、それは間違ったポジティブシンキングではないかと思います。

ネガティブな思考を書き出すのは、そこにあなたの人生を良くするヒントや問題解決の糸口があるからです。それを見ないようにするのは、もったいない話です。

「こんなこと考えてたなんて、私って最低」「こんな私じゃ恥ずかしい」なんて思わず、本音をどんどん書いていきましょう。

●ステップ2　ポジティブな思考を全部書き出す

潜在意識のなかにしまい込まれた記憶は、ふだんはなかなか気づきません。でも、こうして実際に紙を前に書きはじめると、いろいろな場面が浮かんできます。そこには、ネガティブなことだけでなく、楽しかったこと、嬉しかったことなど良い思い出もあるはずです。子ども時代、親とまったく口をきかなかった私ですらあったくらいです。今度は、そんなポジティブな思考を書き出してみましょう。

「はじめて泳げるようになったとき、褒められたっけ」「おんぶしてもらったときの背中が温かかったなぁ」など、どんな小さなことでも大丈夫です。

「親に塾に通わされたけど、考えてみれば、あれが今の私に役立ってる」「お箸の持ち方を何度も教えてくれた」のような、親に感謝したいことも書きましょう。

親に関するポジティブな思考を書き出しましょう。

・

・

・

・

・

・

・

・

・

・

・

・

親との関係を見直してみる

親との関係で生まれた思考を知るために、以下を書き出してみましょう。

親に関するネガティブな思考を書き出しましょう。

・
・
・
・
・
・
・
・
・
・
・
・

思考を書き換えるのはカンタン！

ネガティブな思考、ポジティブな思考、いろいろ書いてみていかがでしたか？

「私、こんなこと思ってたんだ」「こんなことでイジケてたんだ」など、自分でも驚くことや思いがけないことが、たくさん出てきたのではないでしょうか？

これが「気づき」です。思考のレッスンでは、こうしてまず気づけただけでも大成功。気づけただけで、潜在意識の深い部分で癒やしがはじまります。泣くつもりじゃないのに涙がこぼれたり、張り詰めていた気持ちがストンと落ちたような……、そんな感覚になった人もいるでしょう。


気づきの次に大切なのは、「認める」ことです。

自分のなかのドロドロした感情、ムカムカした思い。どんなブラックな思考も「ダメ！　最低！」ではなく、「そんな私もいたんだね」「ずっと我慢してつらかったね、えらかったね」とやさしく認めます。

親への憎しみ、怒り、やり切れなさも、「お父さんも苦しかったよね」「今ならお母さんの気持ちわかるよ」と認めます。もちろん直接会って言わなくてもいいんですよ(言えたら、もっといいですけどね)。自分の心のなかで思うだけでOKです。

そしてここまできたら、最後に自分にも親にも「あやまって感謝」しましょう。

「今まで気づけなくてごめんね。ありがとう」

「お父さんは、本当は私のこと大切に思ってくれていたのに、反発ばかりしてごめんね。育ててくれてありがとう」と。

思考を書き換えるというとむずかしく感じるでしょう。でも実際は、

「気づく」⬇「認める」⬇「あやまって感謝する」

この3つのステップを実践するだけ。これだけで現実は、あれよあれよという間に変わっていきます。

親との関係が変わると、現実が変わる

思考を変えることで現実が変わった面白い例を一つご紹介しましょう。

私の思考の学校の生徒さんのなかに、「うちはホント貧乏で」が口グセの人がいました。だから思考の法則通り、彼女もなかなかお金に恵まれません。

ところが、このワークをやることで、ある「気づき」があったのです。それは「あれっ？　うちって本当に貧乏だったの？」でした。

「あれっ？」の発端は、ノートに書いたポジティブの項目に「きょうだい4人を私立高校まで出してくれた」「欲しかったギターを買ってもらって嬉しかった」などの言葉でした。

「洋子先生、これって、本当に貧乏な家だったらできませんよね」

「うーん、そうよね。4人も私立高校に入れるのは相当なお金が必要よ」

「ですよねぇ……」

その後わかったのは、彼女のご両親は、子どもたちに相続するために相当額の貯金や不動産を用意していたことでした。つまり、彼女の家は普通以上のお金持ち。ただ、ご両親が徹底した節約家だっただけなのです。

こんな、ものすごい思い違いもあるんですね。これで思考が変わった彼女は、親の財産には頼らず自分の力で独立。今ではフラワーアーティストとして成功しています。

「ひどい親」のまま終わらせない

同じように子どもの頃の思い違いを癒やす方法に、アダルトチルドレンのセラピーやカウンセリングがあります。アダルトチルドレンとは、子どもの頃に家庭内のトラウマによって傷つき、そのまま大人になった人たちのことです。

アダルトチルドレンの治癒方法はさまざまですが、知人の一人が通っていたあるセラピーでは、「育て直し」という手法をとっていたそうです。

この手法では、まずセラピストが親役で、本人が子ども時代の本人役となり、テレビの再現ドラマのように、その人がつらかった場面を一度そのまま演じます。

たとえば、「あんたなんて産むつもりはなかった。いらない子なんだよ」と言われたことがショックだったとすれば、その記憶通りのシーンを再現するわけです。

次に、同じシーンをもう一度演じるのですが、今度はその人が本当はこうして欲しかったという理想のシナリオに従って再現します。知人の場合、最後にお母さんが「今まであなたを傷つけてごめんね」と涙ながらに謝るというのがエンディングでした。

ずっと憎んでいた母親を謝らせて、その場はスカッとしたそうです。ところが、しばらくするとやはり元通り。「自分はいらない子なんだ」という思いが張りついたまま、現実は何も変わらなかったといいます。


セラピーそのものが悪いというわけではありません。ただ、最後に母親を謝らせてスッキリしたということは、彼女のなかで母親は相変わらずひどい親のままということです。ひどい親をやっつけてせいせいしたというイメージです。

これでは、やはり思考は変わりません。

思考のワークで大切なのは、ひどい親のまま終わらせないことです。

「ひどい親だと思っていたけど、本当は愛してくれてたんだよね。ただ、不器用で本心とは真逆の言動をしてしまっただけだったんだね」と、こう思えた彼女にある気づきが起きました。それは彼女自身、いつも自分にとって大切だと思う人であればあるほど、本心とはウラハラに、その人を傷つけるような言葉をぶつけてしまい、後悔するということを繰り返していたのでした。これに気づいて以降、彼女は周りの人とトラブルを起こすことが激減しました。

そんなふうに親を認めて、「気づけなくてごめんね。愛してくれてありがとう」と心から言えるようになってはじめて現実が動くのです。

ご両親と不仲のまま先立たれてしまったという人も、ぜひワークをやってみてください。直接和解できないのは残念ですが、心がホッとして温かいパワーをもらえるはずです。

思考が変わった証拠に、親戚やご近所の方などから「あなたのお父さんは、本当に思いやりのある人だった」「お母さんには、よく助けてもらったのよ」など、これまで聞いたことがなかった親に関する良い話が集まってきたりもするんですよ。

効果絶大！

一気に思考と現実が変わる㊙特別ワーク！

大げさな見出しをつけましたが、このワーク、本当に効果絶大なんです。これができると、一気に現実が変わります！

それは、親に直接、「私の良いところってどこだと思う？」と聞いてしまうこと。

「ヒャー、そんなこと聞けるわけないじゃないですか」と尻込みしたくなるでしょうか。確かに難易度、高めです。親が照れて「はぁ？　ないよ、べつに」なんて返してくる可能性もゼロではありません。

ただ、生徒さんのなかには、一度はそんなふうにはねつけたお母さんが、ある日突然訪ねてきて、ドアを開けた瞬間「あなたの良いところはね……」とワーッとまくしたてて逃げるように帰っていった、という体験談もありました。以来、すっかりわだかまりが溶けたそうです。

実はこのワークのアイディアが生まれたのは、私自身の体験からでした。

思考が現実化する仕組みを知ってから急激に両親に感謝できるようになった私は、ずっと疎遠だった両親への態度を改め、孫（私の息子）の顔を見せるために、月に一度は実家に寄るようにしていました。そんなある日、息子が学校の書き初め大会で賞をいただいたのですが、そのことを報告していて、何気なく「べつに習字を習ったわけでもないのにね」と言ったのです。すると母が、

「お姉ちゃん（私のこと）は、昔から字がとってもきれいで上手だったからね」

と、やはり何気ない感じで言ってくれたのです。

私、もう涙をこらえるのに必死でした。

ずっと親に褒められたことなどないと思っていました（本当はたくさん褒められてきたのに、都合よく記憶を切り貼りしちゃうんですよね）。妹だけがかわいくて、私なんて眼中にないと思っていました。でも、親はちゃんと見ていてくれたんですね。

一瞬で過去の記憶が癒やされました。

ある男性は、「仕事で課題が出て」を言い訳に、お父さんに「僕の良いところはどこ？」

と聞いたそうです。

小さい頃は、学校でどんなにいい成績をとっても「当然だ」という顔で一度も褒めてくれないお父さんだったといいます。「自分はどんなに頑張っても認められない」が彼の思考になっていて、実際、会社でもどんどん出世していく同期のかげで目立たない存在でした。

ところが、お父さんはこう言ってくれたのです。

「おまえは昔から何でもできて、いつもすごいなと誇らしかったよ」と。

お父さんは、最初から彼のことを認めていたんですね。その後しばらくして、お父さんは亡くなったそうです。「あのとき聞けて良かった」とは、その男性の言葉です。

男性からはその後すぐに「昇進した」という嬉しいメールが届きました。現実は、このようにして変わります。

Part2のまとめ

紙に
書き出すだけで、
記憶がどんどん
よみがえる

ネガティブな
思い出こそ、
幸せのヒント

「ごめんね」
「ありがとう」と
言えたら、
心がほんわか

親はあなたの
良いところを
ちゃんと
知っている

Part3

思考のクセをリセットして、もっとハッピーな私になる!

自分で自分の可能性を狭めていませんか？

親との関係のなかで生まれてしまった「思い違い」や「カン違い」以外にも、潜在意識にはいろいろなネガティブな「思考のクセ」や「思い込み」が刻まれています。

・私っていつもソンな役回りをさせられるのよね
・いつも周りのみんなに迷惑かけちゃう
・どうせ私のことバカにしてるんでしょ
・恋愛とは長続きしないもの
・やってもムダ、どうせムリ

こうした思考のクセは、これまでの人生の経験から学んだプログラムのようなもの。何かあると自動的にその思考が顔を出し、あなたを困らせます。

たとえば、「いつもソンな役回りをさせられる」と思い込んでいる人は、スーパーマーケットのレジに並べば、自分の列だけトラブルが起きて前に進みません。職場では自分が受話器をとれば、たいていクレーム電話。レストランでは自分だけ注文を忘れられて、待てど暮らせど料理が出てきません。

「ほーらね」「やっぱり!」

あなたは、勝手に押し寄せる悲劇のヒロインになった気分です。

でも、思考の仕組みから見ると、これもあなた自身が「自分の思い込みを、思い込みじゃなかったと証明するため」にあえて創った現実です。無意識とはいえ、潜在意識の働きはパワフルですね。

こうなったら、負のスパイラルに巻き込まれてしまいます。私なんてどうせこの程度……と自分にレッテルを貼ったまま、そこから抜け出せません。自分で自分の限界を作ってしまうのです。

本当のあなたはもっと可能性に満ちています。もっと幸せになっていい人です。

だからいつもの思考のクセは、ここでリセットしていきましょう。

「負けず嫌い」なスポーツ選手

では、思考のクセはどうやって作られるのでしょうか？

それをご説明する前に、あるスポーツ選手のお話をさせてください。

スポーツの世界は、前の項目に書いた「自分で自分の限界を作る」の真逆を常に求められます。特にプロの選手やオリンピックに出場するようなトップアスリートとなると、わずかコンマ何秒、数センチ、数ミリの差が勝敗を分けるようなハイレベルな戦いのなかで、自分を超える記録に挑戦していかなければいけません。

おそらくライバルとは能力、技術、練習量とも大差がないなか、いかに「＋α《プラスアルファ》」の力を出すかが大切になってくるのではないでしょうか。

そこで求められるのが、特別なメンタリティです。アスリートがメンタルトレーニングを取り入れているという話はよく聞きますが、その一貫として思考の勉強をしたいと、私のところへ相談に来てくださったのがT選手です。

T選手の悩みは、大舞台に立つと緊張していつもの力が出せないことでした。

なぜそうなってしまうのか？　潜在意識のなかのどんな思考が、「緊張する」という現実を創っているのでしょうか？　早速そこと向き合ってもらいました。

すると、T選手のなかにあったのは、さまざまな場面で顔を出す「負けたくない！」という思考でした。

スポーツ選手にとって負けず嫌いは、決して悪いことではありません。その信念がパワーとなって実際以上の力を出せることも、もちろんあります。あるレベルまでの試合ならそれで勝てることもあるでしょう。

ですが、最初に書いたようなわずかの差が勝敗を決めるトップアスリート同士の戦いとなると、その負けん気が「＋α」の力になってくれないことが多いのです。

「負けろ」の思考が現実に

理由をお話しします。

まず勝負の「勝ち」と「負け」は常にセットです。

T選手が、「負けたくない」「なんとしても勝つ」と考えるということは、相手に「勝たせたくない」「なんとしても負けてほしい」と考えているのと同じことになります。

そして、思考の仕組みでは、相手に対して「負けろ」と願えば、自分に対して「負けろ」と願う現実が実現します。**30ページにも書いたように、潜在意識は主語の区別ができないため、自分で自分に「負けろ、負けろ」と言ったのだとカン違いしてしまうからです。**

野球の試合などを観ていると、よく観客席からアンチのヤジが飛びますよね。「引っ込めー！」「三振しろーッ」なんて。要するに、ああいったヤジを自分で自分に浴びせかけているのと同じことになるのです。これで緊張するなというほうがムリだと思いませんか？

そうなんです。T選手が緊張でガチガチになってしまうのは、勝ち負けにこだわり過ぎる思考が原因だったのです。

どんな仕事でも同じです。ライバルがいるのは良いことですが、相手を叩《たた》いて蹴落《けお》としてでも自分が先に認められようとすれば、どこかで自分が叩かれます。

こんなときは、対戦相手やライバルに対して「最高の力を発揮できますように」と心の底から思えるようになると現実が変わります。

勝ち負けへのこだわりを捨てたとき、はじめて緊張がほどけ、自分も揺らぐことのない最高のパフォーマンスが出せるようになるのです。

思考のクセは、兄弟姉妹との関係のなかで生まれる

さて、ここからさらに掘り下げていきましょう。

そもそもT選手の「負けたくない」という思考のクセは、いつどうやってできあがったのでしょう?

それを知る手がかりとなるのが、やはり子ども時代の記憶です。

Part1では、親との関係で作られる思考は、0歳から6歳くらいまでの間に脳に刻まれるとお伝えしましたが、思考のクセはもう少し成長するまでの体験がベースとなります。

これまでのカウンセリング経験から判断させていただくと、だいたい小学校6年生くらいまででしょうか。その頃になると、親以外に兄弟姉妹や学校の友人、近所の友人など、子どもなりの人間関係のネットワークができてきます。

思考のクセは、そんな関係のなかで一緒に遊んだり、ケンカしたり勉強したりといった体験を通して作られていきます。なかでも一番身近な兄弟姉妹からは、さまざまな影響を受けることになります。

たとえば、T選手の場合は、大人数の兄弟姉妹の末っ子で、かわいがられて育ちました。けれど、かけっこをやってもロゲンカをしても、年齢差がある分、どうしてもお兄ちゃんやお姉ちゃんにはかないません。

末っ子さんは、そこで「なんでお姉ちゃんにできて、私にはできないんだろう」と自信をなくすタイプと、「お兄ちゃんなんかに負けてたまるか。見返してやるー!」と闘争心を燃やすタイプの2つに分かれるのですが、T選手の場合は後者でした。そして、その思考が潜在意識にたまって、勝ち負けにこだわる思考のクセができあがったというわけです。

気づくだけでワンランク上の自分になる

ほかにも、こんなケースがありました。あるファッションモデルの方です。

彼女の悩みは「自分に自信が持てない」ことでした。

私から見れば、うらやましいくらい背が高くてめちゃくちゃ小顔。いるだけで華やかなオーラを放つ人なのに、いったいどうして自信がないのでしょう？

聞けば、彼女の場合、兄弟姉妹のポジションは、いちばん上の長女さん。下に妹ができたとき、両親や親戚、近所の人までが口々に妹ばかりを「ホントかわいいお顔ね。何を着せても似合うわよね」と褒めるのを聞き、どうやら思考がねじくれてしまったようです。

「妹はかわいい。それに比べて私はかわいくない」

そんな比較の思考が潜在意識にたまってしまったのです。だから、大人になってもつい人と比較するクセが抜けません。人の良いところを見ては、「○○さんは足が細い、それに比べて私は……」「○○さんは髪がきれい、それに比べて私は……」といちいちコンプレックスを抱き、それが自信のなさにつながっていったのです。

こうした思考のクセをリセットする方法は、Ｐａｒｔ２のワークと大きな流れは同じです。

まず、兄弟姉妹に対する思いをできるだけたくさん思い出してみてください。あなたはどこで傷ついたり、嫉妬《しっと》したり、腹を立てたりしたのでしょう?

あとは、「気づく」⬇「認める」⬇「あやまって感謝する」の3つのステップでやさしく癒やしていきましょう。

相談にいらしたモデルの方も、この方法で比較するクセを手放していきました。周りの人の良いところを見たとき、「それに比べて私は……」のひと言さえくっつかなければ、良いところはその人の長所として素直に認めることができます。そもそもこの「比べて落ち込む」は、思考が現実化する仕組みを理解できていないときに感じてしまうもの(178ページ参照)。

「○○さんは足が細くてカッコイイ」「○○さんは髪がきれいで憧れる」

そう素直に思えるようになったとき、いい仕事が入るなど、ワンランク上のステージに上がっていけるのです。

どうしてこうなっちゃうの？兄弟姉妹のポジション別「思考のクセ」

あなたのなかにも、「どうしてこうなっちゃうかなぁ？」と自分でも情けなくなるような、笑っちゃうような……そんな理解不能な考え方や思い方のクセはありませんか？

ここからは、兄弟姉妹型で見る思考の特徴や傾向をまとめて解説していきます。生まれ順で見ると、すべての人は長男長女・中間子・末っ子・一人っ子のいずれかに分類されます。自分がどんな思考のクセを持ちやすいのか、ぜひチェックしてみてください。

思考の仕組みでは、「すべての現実は、自分がそうなりたくて創ったもの」と考えますが、生まれ順も同じです。

たとえば長男長女がリーダータイプだとすれば、長男長女のあなたは、自分が周囲を引っ張っていけるような人になりたくて一番先に生まれてきた、というふうに考えます。その意味では、それぞれの特徴は、本来のあなたの「なりたい自分像」ともいえるでしょう。そのつもりでお読みいただくと、何か新しい発見があるかもしれません。

また、【ネガティブな思考の傾向】の項目は、その人の思考グセの根っことなるものです。ネガティブな面は見ないようにするのではなく、「人生をもっと良くするヒントが隠されているかも?」の視点で見ていただけると嬉しいです。

ただし、ここに書いたことはあくまでも傾向です。すべての人に100%当てはまるわけではないことはご容赦くださいね。

長男・長女
我慢強い王子様・王女様

【基本的な特徴】

最初の子育てということでエネルギーに満ちた親から、惜しみない愛を受けて育ちます。祖父母からも初孫としてかわいがられる場合も多く、努力しなくても王子様、王女様扱いされて楽しい幼少時代です。

反面、弟や妹が生まれると「お姉ちゃん（お兄ちゃん）なんだから、しっかりしなきゃ」という責任感が芽生え、下の子の面倒を見ながらコツコツ頑張るお利口さんになります。社会に出てからは、その責任感と面倒見の良さでリーダー役を任されやすいタイプです。

【ネガティブな思考の傾向】

弟や妹が生まれることで、今まで一身に受けていた親の愛情が減ったとカン違いし、イジケたり孤独感を感じやすい傾向があります。下の子に手いっぱいの親の姿を見てきたことから、甘えたり泣いたりするのが苦手な面も。

【対策】

親が弟や妹ばかりに注目しているように見えるのは、ただ物理的に手がかかるだけ。あなたに向ける愛情に変わりはないのだと気づくのがポイントです。

中間子
空気が読めるアウトロー

【基本的な特徴】

弟や妹といるときは〝上の子〟として、兄や姉といるときは〝下の子〟としてコロコロ変わる役割のなかで成長するため、一見、空気を読みつつバランス良くふるまいます。

ただ、兄や姉は最初の子どもとして親に大切にされ、弟や妹は「まだ小さいから」とちやほやされるため、親の愛情のエアポケットに陥《おちい》りがち。自分の居場所がないような感覚を持つ人が多いようです。

そんななか独自の世界観を育み、社会に出ると、どこにも所属せずわが道を究めるタイプになる人もいます。

【ネガティブな思考の傾向】

人とのコミュニケーションでは、「わかってほしいけど、わかられたくない」と天《あまの》邪鬼《じゃく》な一面も。独自の道をゆく孤高の存在でありたいという秘めた願望をお持ちの方も、けっこういらっしゃるようです。

【対策】

人づきあいでのストレスは、自分がどういう思考を持っているから起こるのかを知っているだけでも、かなり楽になるはずです。一人で頑張るより、人とかかわり、みんなのアイディアや助けを得たほうが、世界は広がるし成長につながります。思い切ってチームの輪に入ってみましょう。

末っ子
内弁慶なアイドル

【基本的な特徴】

生まれたときから兄や姉というライバルがいるため、親に注目してもらえるようなかわいいパフォーマンスを自然と身につけます。ニッコリ笑ったりプイッとふくれてみたり。そんな仕草や態度に、みんなメロメロ。家庭のなかのアイドル的存在です。大人になっても、周囲を笑顔にしようというサービス精神を発揮します。

ただ、家族には甘やかされ大目に見てもらえても、世間では通用しないこともあります。そこで挫折感を味わった末っ子さんは、〝外では内気、家では威張りん坊〟な内弁慶になりがちです。

【ネガティブな思考の傾向】

外の世界は恐いと思い込むため、言いたいことが言えず、ストレスをためてしまう傾向があります。そのストレスが怒りや攻撃性となってくすぶることもあります。

【対策】

末っ子さんにとっての怒りや攻撃性は、ゲームセンターのもぐら叩きでスカッとするような心のストレス発散法です。そこに気づいて「そうだったのか」と認めるだけでラクになります。

一人っ子
マイペースな人間関係オンチ

【基本的な特徴】

親の愛情が濃度１００％で降り注ぎ、良い教育、良い環境、十分なおこづかい……と、とにかく与えてもらえるものが多いのが一人っ子さんです。すべてに恵まれているため自己肯定感が高く、天真爛漫です。

一方、兄弟ゲンカを経験せずに育ったため、人との距離の取り方が独特です。おやつを取り合った経験もないので、われ先にお菓子に手を出すほかの子たちが欲張りに見えてしまうこともあります。社会に出てからも競争とは無縁で、どちらかといえば一人でいたいマイペースタイプです。

【ネガティブな思考の傾向】

相手の細やかな感情に気づきづらいのでトラブルになることも多く、結果、人づきあいは面倒くさいと決めつけてしまいます。能力が高いため、仕事でも誰かに手伝ってもらうより、自分でやったほうが早いと考えがちです。

【対策】

中間子さん同様、あえて人間関係の輪のなかに飛び込んでみてはいかがでしょう。いろいろな人との相乗効果で、もっと才能が引き出されていくはずです。

番外編！

いろいろな兄弟姉妹のポジション

●お兄ちゃんがいる妹

お兄ちゃんは妹にやさしく、父親は娘に甘い。そこでできあがる思考が「男ってちょろい」です。「男の人は私の言うことを何でも聞いてくれるもの」と信じて大人になるので、そうしてくれない相手にはちょっとムカッ！

一方、下にできた弟がかわいがられると、「えっ？　男のほうが良かったわけ？」と敵対心を燃やし、社会に出ると「男なんかに負けてたまるか！」とバリキャリ道を突き進むこともあります。

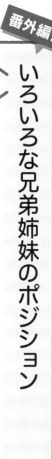

●お姉ちゃんがいる弟

お姉ちゃんがやさしい場合は、女性に対して甘え上手な大人になります。子どもの頃からお姉ちゃんを観察することで女性の生態を知り尽くすため、「これを言ったらヤバい」など、ツボをハズさないお付き合いも得意です。

●男の子だけの兄弟

勉強、スポーツ、女の子にモテるかモテないかなど、男の子にとっての重大テーマは、能力を競い合うことです。その能力の面で「お兄ちゃんにはかなわない」という思考が刻まれると、自分に自信が持てなくなることもあります。

おごられ上手は誰？

食事をごちそうしてもらったときの反応にも、生まれた順番で違いが出ます。
「いいのぉ？」「うわぁ、ありがとう！」とかわいくお礼するものの、心のなかでは「おごってくれて当然」とお財布を出す気ゼロなのが末っ子さん。いつも上の子から与えられ慣れているので、受け取り上手です。

一方「いえ、とんでもない」「すみません」と遠慮のかたまりと化すのが生真面目な長男長女さん。いつも与える側なので、受け取り下手です。

どちらが良い悪いというわけではありません。

でも、たまには逆をやってみましょう。

末っ子さんは「与える」こと、長男長女さんは「受け取る」こと。これを覚えるだけでも、人生のシナリオがガラリと変わります。

●女の子だけの姉妹

「お姉ちゃんがピアノをはじめたから、私も」など、妹はお姉ちゃんに憧れて何でも真似したがります。ただ、お姉ちゃんは長続きしているのに、自分は途中でやめちゃった……などの体験があると、それが「私ってダメ」のコンプレックスとなり、尾を引くこともあります。

●双子

特に見た目がそっくりな一卵性の双子さんは、一緒にいれば目立つし注目されやすくなります。「現実は自分が創ったもの」と考える思考の観点から言えば、つまり、双子さんにはもともと注目されたい願望があるということになります。

また、自分の分身のようなもう一人が欲しかったということは、「自分が好き」という思考の反映とも受け取れます。そのため「自分大好き、見て見て！」と、自己肯定感マックスの明るい人が多い印象です。

「ついそうなってしまう」クセは、必ず乗り越えられる

兄弟姉妹別の思考のクセのお話、いかがでしたか？

当てはまるところはあったでしょうか。私にもこんなクセがあるのかもと、自分の新たな一面を発見した人もいるかもしれません。

一度思考のクセがつくと、それが心のフィルターとなって、間違った結論を出してしまうことがあります。せっかくあった可能性をつぶしてしまったり、やりたい仕事があるのにあきらめてしまったり。

これを機に、ネガティブな思考のクセを変えていきましょう。**どうせ私はこの程度と自分のキャパシティーを設定すれば、その程度の現実しかやってきません。**でも前向きな思考を持つことで、あなたはもっと高みを目指すことができるのです。

ここで、一つ実例をご紹介します。

Nさんはネイリストとして念願だった自分のお店をオープンさせたばかりでした。ところが肝心のお客さんが思うように来てくれません。

カウンセリングしたところ、原因の一つは宣伝不足でした。今の時代、一人で起業するなら、やはりSNSの拡散力を活用するのが一番手軽で効果的な方法でしょう。でも、Nさんはどうしても発信できない、したくないというのです。

いったいなぜでしょう？　自己アピールするのが気恥ずかしい？　それとも文章や写真に自信がないからでしょうか。


そこで思考と向き合ってもらったのですが、意外な気づきがありました。実はNさんは、これまでほかの人のツイッターやインスタグラムを見て、いつも批判ばかりしてきたというのです。

「なによこの人、いきがっちゃって」「ヤダヤダ、これってただの自慢でしょ」

つまり、自分が人を批判したり叩いたりしてきたため、自分も同じことをされると恐くなって発信できなかったというわけです。

Nさんのケースだけでなく、「営業の仕事なのに、人に声をかけたりお願いするのが苦手なんです」というご相談を受けたこともありました。

よく聞くと、やはりその方も、過去にセールスしてくる営業の人を「やめてくださいい」と厳しい口調で切り捨てたことがあったそうです。そのときの記憶が無意識によみがえって、苦手意識を作っていたのですね。

誰でも人のSNSを見て、「いいなぁ」とちょっと妬《ねた》んだり、「これ本当?」と疑うことはあります。見知らぬ営業の人に声をかけられれば、「怪しい」と思ってしまうこともあります。

ただ、Nさんやその営業の方もそうなのですが、兄弟姉妹のポジションで見ると末っ子さんで、独特の攻撃的な思考のクセを持っています。そのため、何を見てもついダメ出ししたくなってしまうのです。

ほかにも人づきあいが苦手な中間子さんのなかには、顕在意識ではお客さんに来てほしいのに、潜在意識のどこかで「いやだなぁ、面倒くさいなぁ」と思っているというジレンマを抱えている人もいます。

思考のクセそのものが悪いわけでも、その人が悪いわけでもありません。

ただ、せっかく能力があるのに、思考のクセが邪魔してそれを発揮できないのはもったいない話です。


思考のクセを乗り越えるのは簡単です。

人にダメ出ししたくなったら、「私、またダメ出ししようとしている」と気づけばいいだけです。そしてSNSの場合なら、「この人ってこんなに更新して努力してるな」「書き方上手だな」など、意識して良いところを探すようにしていきましょう。

すると、発信の恐さが消えるし、自分が人の良いところに気づいた分、あなたも人から褒められることが増えていきます。

営業の場合なら、「頭ごなしに否定してごめんなさい」と心のなかで謝りましょう。

そうすることで、自分も人から受け入れてもらえるようになるのです。

Part3のまとめ

兄弟姉妹との
関係には
「気づき」が
いっぱい

あと一歩の力が
出せないときは、
思考のクセを
チェック

ライバルを
応援することは、
あなた自身を
応援すること

SNSが
苦手な人は、
ダメ出しのクセを
やめてみよう

Daisuki

Part4

困った人、迷惑な人を寄せつけない思考法

「迷惑なあの人」はあなたが創り出している

私のところには人間関係の悩みもよく寄せられます。

社会のなかで生きている以上、好きな人や気が合う人ばかりに囲まれた、愛と友情にあふれた素晴らしい日々♪　なんてわけには、なかなかいきません。

理不尽な上司、意地悪な同僚、やたら干渉してくるご近所さん、ママ友や趣味のグループにいる仕切りたがりのボスキャラ……など、あなたの周りにも、困った人、迷惑な人、苦手な人の一人や二人はいるのではないでしょうか。

そんなとき、どう対処したらいいのでしょう？

よく言われるアドバイスに、「距離を置きなさい」というものがあります。確かに距離を置けば一時的にはホッとできるかもしれません。でも、それは根本的な解決にはなりません。モラハラ上司に耐えかねて転職したものの、転職先でまた同じようなモラハラ上司のもとで働くことになったという人もいるくらいです。

なぜなら、困った人、迷惑な人を創り出しているのも、あなたの思考だからです。

・いつも邪魔される ⬇ あなたが今まで誰かを邪魔してこなかったか?
・嫌われている ⬇ あなたが自分を嫌っている、もしくは誰かを嫌っている
・いちいち疑ってくる ⬇ あなたが自分や周りの人を信頼していない

「私がそんなイヤな人を創るわけないじゃないですか!」

そう反論したくなるでしょう。

でも、ここでも思考の仕組みを認めてみませんか?

もし目の前の困った人、迷惑な人があなたの思考と関係なく存在するのだとしたら、この現実は変えようがありません。**けれど、あなたが創ったのなら、あなたの思考さえ変えれば、問題は解決するのですから。**

これが思考の仕組みを理解した人に訪れるご褒美です。

もうクヨクヨ悩んだり、逃げ回ったりしなくていい。相手に立ち向かったり戦ったりしなくていい。思考を使ってもっとステキな人間関係を作っていきましょう。

ご近所トラブルも一瞬で解決

引っ越ししたら、お隣りさんがクレーマーだった。

まるでストーカーみたいにわが家の行動を監視してくる。

ゴミの分別がなってないと袋ごと突き返された。

朝早くからどこかの犬がワンワンキャンキャン、あーうるさい。

など、最近では近隣トラブルもさまざまです。ストレスで夜も眠れない、ノイローゼになりそうなどと言う人もいます。ひどいと放火や殺人事件にまで発展するケースもあるので深刻ですね。

知人のBさんもトラブルに巻き込まれていました。

集合住宅に住んでいるのですが、最近、下の階の住人から「ドアを開け閉めする音がうるさい」と怒鳴り込まれて困っているというのです。

「うちは鉄筋マンションだし、そんなに音が響くはずがないんです。しかも、一度文句を言われてからは、息をひそめてソーッと開け閉めしているんですよ。なのに、毎日のように苦情の嵐。もう家に帰るのがイヤになるくらい」

こんなときも、まず思考と向き合います。

被害を受けたり苦情を言われたりしたとき、あなたはどんな思いがしましたか。どんな気持ちになりましたか？

邪魔された気分？　疑われた気分？

それとも「面倒くさい人だなぁ」「わが家に嫉妬しているのかな」でしょうか？

解決のヒントは、その答えのなかにあります。

Bさんの答えは「下の階の人は神経質過ぎると思いました」でした。

現実は、自分の思考が創ります。

邪魔された気分になった人は、自分が過去に誰かを邪魔したことがあるはずです。

嫉妬されていると思った人は、自分が過去に誰かを嫉妬したことがあるはずです。

「そう言えば」。私の話を聞いてBさんは思い出しました。

「最近、私、会社ですごくピリピリしてるんですよ。新人の教育担当をしてるんですが、その新人がもう細かいミスばっかり。いちいち目を光らせてチェックしなきゃならなくて……」

最後まで言い終わらないうちに、Bさんは「あっ！」と何かに気づいたようです。

「もしかして、これですか？」

「そうかもね」

2人で顔を見合わせてクスッと笑ってしまいました。神経質な隣人は、Bさんの神経質な思考が出現させていたのです。

現実は、あなたの潜在意識を映す鏡です。その鏡に映った現実と同じ思考を「これだったのか！」と気づいて認めれば、目の前の景色は切り替わります。これが解決法です。 Bさんの場合も、その日を境に下からの苦情はピタッと止まったそうです。

ドリームキラーが現れるのはなぜ？

それにしても、私たちはなぜわざわざ「イヤだなぁ」「迷惑だなぁ」と思う人を現実化してしまうのでしょう？

ドリームキラーという言葉を聞いたことがあると思います。

直訳すれば「夢の殺人者」。否定的な言葉で他人の夢や目標を邪魔しようとする、まさに困った人のことです。

ドリームキラーは、たとえば転職や起業を考えるなど、あなたが上を目指そうとすると現れます。そしてこんな言葉であなたのやる気をつぶそうとします。

「やめておいたほうがいいんじゃない？」

「そういうことができるのは才能のある人だけ」

「ムリよ、どうせ」

「今さらはじめたって遅いわよ」

なかには「失敗したらどうするの？　あなたのためを思って言っているんだよ」と心配を装い、羽ばたくあなたを止めにかかることもあります。

あなたの思考を反映した人が目の前に現れる

嫉妬されているんでしょうか？　ほんと、困るなぁ。

でも、ドリームキラーは、実はあなた自身かもしれません。正確には、あなたの思考が創り出したキャラクターです。あなたの潜在意識のどこかにあった「やっぱりムリ」「私にそんな才能ありっこない」などのネガティブ思考の代弁者なのです。


潜在意識のなかに前向きな思考がたまっていれば、目の前に現れるのは、あなたを応援してくれる人のはずです。だから、ドリームキラーが現れたということは、あなたのなかにまだ迷いがある証拠かもしれません。本当は今のままでいいと思っているのかもしれません。

その意味で、ドリームキラーは決して悪人ではありません。

自分の気持ちを確かめるチャンスをくれたと考えて、もう一度じっくり人生のプランニングをしていきましょう。

ぜったい
やめとけニャ

ニャン太くんに
夢を壊された
ニャ。。
じゃなかった
とはニャー

内気な人、すぐ緊張する人の克服法

人間関係では、内気で気楽に人と打ち解けられないのが悩みという人もいます。

私の友人Yちゃんもその一人。清楚《せいそ》で物静かな女性です。

ところが思考と向き合ってもらって、驚きました。

「これ、誰にも言ったことないんだけど……」と前置きして話してくれた内容は、彼女が本心では猛烈《もうれつ》にイライラしていたことでした。

たとえば街を歩いていて気に入らない人とすれ違えば、心のなかで罵声を浴びせかけ、職場で嫌いな人の近くを通りがかれば、心でチッと舌打ち。ときには「はい、全員銃殺」と妄想しては、スカッとしていたというのです。

実は、内気な人ほどこうした攻撃思考を持っています。

Part3でご説明した兄弟姉妹型で言えば、末っ子さんに多い傾向です。内弁慶になりやすいため、外ではあまり言いたいことが言えません。ノーを言わないので、面倒な仕事を押しつけられることもあります。反発したくてもできません。

そんな現実世界のストレスが、内側で攻撃性に変わってしまうのです。

同じく末っ子さんのなかには、極端な緊張症の人もいます。人前で何か発言を求められると泣き出してしまうほどですから、かなり重症です。

そうした緊張グセも外の世界への恐怖心からくるもので、やはりそのストレスで攻撃的な思考がたまります。その結果、こんな繊細な人がまさか！　と驚くほどの怒りや敵意を内面にたぎらせてしまうのです。

他人を攻撃すれば自分も攻撃される

しょせん想像の世界。実際に誰かをやっつけているわけじゃないんだから、いいじゃないと思うかもしれません。

でも、自分が攻撃すれば、いつか自分も必ず攻撃されます。たとえば職場で自分だけきついノルマを課せられたり、パワハラ・モラハラ的な扱いを受けることもあるかもしれません、恋人や夫から暴力をふるわれるかもしれません。

そうなる前に、意識して人への攻撃思考をやめましょう。

心のなかでこう言ってみてください。

「攻撃思考に気づいたらやめる、をしていきます。今までごめんなさい」

これだけでも潜在意識が癒やされます。

最初は、ついいつものクセが出てしまうかもしれません。でも、そんなときは自分を否定せず、**「あっ、またやっちゃったね。でも、次はやめようね」と自分に声をかけてあげてください。大丈夫。何回か同じことを繰り返したとしても、やがて必ず落ち着いてきます。**

このようにして自分のなかから攻撃思考が減っていくと、人見知りも緊張グセも自然に改善されますので安心してください。

ムカムカする人が現れたときの処方箋《しょほうせん》

急用だと泣きつかれて残業を代わってあげたら、実は彼氏とデートだって（怒）
人の企画書を勝手にコピペして、「徹夜で頑張りました～」と上司に提出。ハァ？（怒）

世の中にはズルい人っていますよね。

「自分だけラクしてトクして許せない！　正直者がバカを見るってこのことだわ」

あなたがキリキリ、ムカムカするのもムリありません。

ただ「この人嫌い」「腹立つーっ」と感情的になっていれば、嫌悪感は雪だるま式に増えていくだけです。

朝起きては「ムカッ！」、ごはんを食べながら「許せない！」。イヤだイヤだと思いながらも、そうやってあなたが相手のことを思い出しては自分の時間をムダにしている間、相手は涼しい顔で自分の時間を過ごしているのです。バカバカしいですよね。

相手のなかにあなたの「要素」がある

こんなときは「待てよ」と一回立ち止まってみてください。

ズルいと感じるのは、どこかにうらやましさもあるはずです。

でも、ほんとうにうらやましいでしょうか？　人は一面だけ見ていてもわかりません。ズルくて要領がいいように見えてもそれぞれ事情があって、裏では人知れず苦労しているのかもしれません。

それに、「私は清廉潔白《せいれんけっぱく》なのに」と思っていても、過去を振り返れば、もしかするとあなたもズルしたことがあったかもしれません。弟のオモチャを横取りしたり、順番を無視して横入りしたり。「そんなこともあったな」と気づけば、憎きあの人も自分の反映に過ぎなかったことがわかります。

思考の仕組みがわかると、こんなふうに人の見方が変わります。

どんな困った相手のなかにも、多かれ少なかれあなたの「困った」要素があります。なければ、あなたの前に絶対に現れません。

ということは、困った相手こそ私たちに変われるチャンスをくれる人。「ここから何を学べるのかな?」と考える習慣をつけると、どんな相手が来ても昔みたいに傷つきません。

困った人、迷惑な人を味方に変える!

目の前に現れた「あの人」も「この人」も、みんな自分の思考が創っています。それをさらに実感していただくために、ここでワークをやってみましょう。

「あなたをイライラ、モヤモヤさせる困った人、迷惑な人、嫌いな人、苦手な人」(ワークではまとめてイヤな人とします)は、具体的に誰ですか? まず名前を書きます。名前を書くからといって、これは個人攻撃するためのものではありませんし、誰かに見せるものでもありません。目的はあなたの潜在意識と向き合うため。遠慮したりかっこつけたりせず、正直な気持ちを書き出しましょう。

4. 3で書いたセリフは、自分が誰かにそう思われていることではないでしょうか？　自分にそう思っていないでしょうか？　考えてください。

〈例〉私も海外旅行に行ったとき、みんなに自慢しちゃった。

・

5. イヤな人が自分の思考からできあがっていたことを納得します。

6. 潜在意識に感謝します。

「教えてくれてありがとう。けいこちゃん、ごめんね。これからは一緒に変わっていこうね」と声に出して言いましょう（心のなかで思ってもOKです）。

イヤな人と遭遇しなくなるために

あなたの目の前にイヤな人が現れなくなるように、
以下を書き出してみましょう。

1. イヤな人の名前を書いてください。

〈例〉同僚のけいこちゃん

・

2. その人のどんなところがイヤなのか、思いつく限り書いてください。

〈例〉持ち物や洋服の値段、学歴、親の職業などをやたら自慢してマウントをとってくる。

・

・

・

3. そのイヤな人に何て言ってやりたいですか?

〈例〉見栄を張ってもしょうがないよ。

・

人づきあいがどんどんラクになる

ワークをやってみていかがでしたか？
「私がイヤな人を創っているなんて抵抗がある」「感謝なんてできないよ」という人。
自分で自分にこう話しかけてあげてください。

「〇〇ちゃんを許したくないんだね」
「〇〇ちゃんが悪くて、私は悪くないって思っているんだよね」

自分を否定せず、ただやさしく受け入れてあげましょう。繰り返しこの言葉を言ううちに、心のイライラがやわらいでいくのを感じられるはずです。この感覚になるまで続けていきましょう。

このワークができたということは、心が大人になったということです。自分のイヤな部分も受け入れ、自分を愛せるようになったということです。

こうなると、相手が誰でもビクビクしなくなります。誰と会っても疲れません。少しくらい何か言われても、明るくスルーできます。

というより、意地悪な人やあなたを陥れるような人は自然に近づいてこなくなり、代わりに、あなたに幸せを与えてくれるような良い人ばかりが現れるのです。

自分の思考が変わると出会う人が変わる

私のところで思考を学んでいる人のなかには、いろいろな職業の方がいらっしゃるのですが、医師や看護師の方からは、「聞き分けのない困った患者さんが減りました」「重症患者さんの治癒率が格段に上がりました」という声もいただきました。

「良い園児や良い親御さんばかりに恵まれるようになりました」とおっしゃる幼稚園の先生もいます。

私自身、思考の仕組みを知ったときから、良い出会いが続き、人間関係がどんどん楽しくラクになっていきました。あなたの周りにもきっとイキイキとして笑顔の似合う人たちが集まってくるはずです。

Part4のまとめ

距離を
置くだけじゃ
解決しない

進路を
ジャマする人は、
心の迷いを
教えてくれる人

「人を許せない」
自分も
許しましょう

思考を変えると、
ステキな仲間が
現れます

Part5

幸せが長く続く！
最高の
パートナーシップの
創り方

ひどい現実も、あなたの思考を反映している

Ｐａｒｔ１にも書いたように、私自身パートナーシップに関しては悩んでばかりでした。親に愛されていないという思い込みから、どんなステキな人が現れても「私のことなんか、どうせ愛してくれないんでしょう」とひねくれたところからスタートするので、素直に愛を受け取れません。自信のなさから相手の好意を素直に受け取ることができず、自己嫌悪に陥ることもしょっちゅうでした。

このように、恋愛やパートナーシップにも、思考は大いに関係してきます。

みなさんのなかにも、昔の私のように思考がひねくれちゃった人はいませんか？

「ひねくれ思考」からはもう卒業しよう

たとえば、潜在意識のなかで「誰も私の気持ちをわかってくれない」「私は大切に

されない」という思考を抱えた人は、たとえステキなパートナーができたとしても、どこかでこのネガティブ思考が自動再生されて、いつかそれが原因で傷つくことになってしまいます。

相手が浮気に走ることもあるでしょう。

彼の言い訳は、「きみが、僕の気持ちをわかってくれないから」「きみが、僕を大切にしてくれないから」。

あれ？ そのセリフ、どこかで聞いたことがありますね。

そうなんです。それは、あなたが心の奥でいつも自分自身に言っているセリフ。その思考が目の前の人に反映して、ひどい現実を創ってしまったということです。浮気に限らず、彼が職場で「大切にされない」状況ができて、閑職に追いやられたり、リストラにあってしまうケースもあります。

すべては「私」の思考です。

いくら彼を責めても、現実は変わりません。

だから、まずあなたの思考を見直すのが先。あなたも昔の私のように、子どもの頃の心の痛みを引きずっているのかもしれません。Ｐａｒｔ２に戻って親との関係を見直すワークをやってみてください。カン違いしてひねくれた子どものあなたを癒やしてあげましょう。

私の思考の学校に通う受講生のなかには、ひねくれ思考から抜け出しただけで、ご主人との関係が良くなり、ご主人の年収までアップしたという人がたくさんいるんですよ。

なぜ出会いがないの？

恋愛したい、結婚したいと言っているわりには、なかなか相手が現れない……。そんな人の心のなかにも、ひねくれ思考があるのかもしれません。親を否定する思考が、自分自身への否定になって「ありのままの私じゃ愛されない」と、どこかであきらめているのです。

そんな人は、まず愛されることを自分に許可してください。許可という言い方だと難しいでしょうか。だったら「私は愛される」と決めましょう。

決めるというのは、強く思うこと。翌日になって自信が揺らいだら、もう一度決め直せばいいのです。次の日も、また次の日も……。このように繰り返すうちに、潜在意識のなかに「私は愛される」という思考が増えていきます。そして思考は増えれば増えるほど現実化のスピードが速まります。**あなたを心から愛してくれる人は必ず現れます。**どうぞその日を楽しみにしてください。

顕在意識と潜在意識にギャップはない？

もう一つ、出会いがないのは、顕在意識と潜在意識の間にギャップがあるからかもしれません。たとえば、顕在意識は「こうなりたい」と思っているのに、潜在意識はそんなことまったく思ってない。そんな場合です。

◎顕在意識では……

・結婚したい。

・他人にどう思われるか不安。

・親が「そうしなさい」と強制的でイヤ。

◎潜在意識では……

・みんなが結婚しているから、しなきゃ恥ずかしいと思っただけ。本当は結婚なんかしたくない。

・自由がなくなるから結婚したくない。

・本当は他人にどう思われるか不安なのではなく、他人はみんな私を否定してくるひどい人たちばかりで最悪!! と思っている。
・本当は親に全部決めてほしい。それがラク。

ちょうどアクセルとブレーキを同時に踏んでいるような状況です。これではどこへも進みませんよね。出会いも同じです。

口では「結婚したい」「彼氏が欲しい」と言っていても、それは「みんな彼氏がいるし、いないとモテない人みたいでかっこ悪い」という顕在意識が言わせているのかもしれません。肝心な潜在意識が「彼氏なんかいないほうが自由で楽しいよ」と思っているのだとすれば、ステキな人と出会うという現実は創られないのです。

自分の結婚願望度をチェックする

結婚については、誰のなかにも迷いはあると思います。

結婚したい……。でも、まだ一人でやりたいことがたくさん♪

結婚したい気持ちが30％で、したくない気持ちが70％。それでいいんです。どちらかが0％で、どちらかが１００％という人はそうそういません。

そこで、まず自分の思考がどちらに傾いているのか、把握してみましょう。

両方のメリットを書き出す

やり方は、あなたが考える結婚する（彼氏がいる）メリット、結婚しない（彼氏がいない）メリットの両方を書いてみることです。いくつ書けたか、その割合があなたの結婚願望度（彼氏欲しい度）です。

たとえば、今は結婚のメリットを3つしか書けなくて、結婚しないメリットのほうを12個書けたとすれば、結婚したいという思考はまだ20％です。思考の仕組みでは、より量の多い思考が現実を創りますので、20％だとすぐには結婚話が出てくることはなさそうです。

でも、今はそうでも、この先「こんなメリットもあるよね」と思うようになることはあるでしょう。そうなったときは、一つひとつ書き加えていきましょう。書き加えるごとに30％、40％、50％……と潜在意識のなかに結婚したい思考がたまっていきます。**こうして80％くらいになったとき、きっとステキな相手が現れるはずです。**

次のページに、書き込むスペースを用意しました。書くことで改めて自分の恋愛観や結婚観がわかることもあるので、ぜひ活用してみてください。

2. 結婚しない（彼氏がいない）メリットを考えて書いてください。

〈例〉・自分の好きなように時間を使える。

・いつでも友だちと会える。

・

・

・

・

・

・

・

・

・

結婚願望度(彼氏欲しい度)チェック

あなたの結婚願望がどれくらいなのかを知るために、
以下を書き出してみましょう。

1. 結婚する(彼氏がいる)メリットを考えて書いてください。

〈例〉・一緒に食事できる。

・好きなドラマを見て感想を言い合える。

・

・

・

・

・

・

・

・

・

・

思考式!

最高のパートナーを引き寄せる方法

「いい男はみんな結婚しているのよねぇ」

いつもの女子会メンバーと、そんなセリフでボヤいていませんか?

でもこれ、よーく考えるとオソロシイ思考なんです。なぜってこれを逆にすれば「結婚していない人は難あり」と言っているようなもの。それは、まさに未婚の自分自身のことでもあるからです。つまり、「いい男は結婚しているのよね」と言うたびに、「私はダメ」「価値ナシ」と自分を下げていることになってしまうのです。

思考は現実化します。だから、ここは「こんなにイイ女の私がまだ一人で残っているということは、どこかに私との出会いを待っているステキな人がいるんだわ」という思考に変えていきましょう。

「そんな図々しいこと思えません」というあなた。いいえ、あなたはもともと良いと

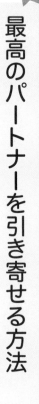

ころをたくさん持った素晴らしい人なんです。その良いところを認め合い、もっと伸ばし合っていけるようなパートナーシップをぜひ現実化させましょう。

そこで、ここからは理想のパートナーと出会う方法をお教えします。

思考の考え方を生かした、ほかにはないワークです。楽しみながら実践してみてください。

①最高のパートナーの条件を書き出す

まず、あなたにとって「こんな人が最高！」と思える理想の相手の条件を、思いつく限り書き出します。「これって高望み？」なんていう遠慮は一切不要です。「10歳年下のイケメン億万長者」でも大丈夫。とにかく、細かく書いてみましょう。

②その条件のデメリットを書き出す

①で書いた最高の条件に関して、その条件だからこそ生じるデメリットを考えて書き出します。

たとえば、「年収1000万円」が条件だとしたら、それくらいの高収入を得るためには、人の何倍も働かないといけないかもしれません。

すると、「しょっちゅう残業で家に帰ってこない」「休みの日もどこへも連れていってもらえない」などがデメリットとして考えられます。

ほかにも「家族を大切にする人」が条件だとしたら、デメリットは「私もお正月には彼の実家に帰省しなきゃいけない」「将来お姑さんやお舅さんの介護をさせられるかも」など、いろいろありそうです。

イケメン ⬇ 浮気しそう

お金にルーズじゃない人 ⬇ ケチ

こんなふうに、理想の条件一つひとつにすべてデメリットを考えていきます。

デメリットを書く理由は、相手に過剰な幻想を抱かないためです。

最高の条件を書いてはみたものの、私たちは、あまりにできすぎの人を見ると、ちょっと引いてしまいます。「すみません、やっぱり私にはムリです」とコンプレックスを刺激されて卑屈になることもあります。

でも、理想の人にもデメリットがあると思えれば、必要以上に相手を見上げることもありません。どんなキラキラ王子様も普通の人。そう思えれば、最高の人とでも臆さず対等に付き合えるのです。

③相手に求めた理想の条件が、自分のなかにあるか探す

さて、いよいよここからが思考流ならではのワークです。

思考の仕組みでは、①で書いた理想のパートナーの条件は、あなた自身のなかにもある資質だから書けたと考えます。あなたの思考にないものは思いつけないし、書けないはずだからです。

もちろん、同じ資質でもその分量は違うでしょう。たとえば「イケメン」を理想としたら、私も絶世の美女? というわけではないかもしれませんが、多少なりとも美女成分はあるはずです。

「そういえば、目がきれいとは言われる」

「小さい頃は、かわいいと言われたこともある」

ほらね。必ずあるんです。

ほかにも「資産家で私に財産を残してくれる」を理想の条件にしたとすれば、あなたは抜け目のない欲張りに思えるかもしれません。でも、どこかに「人に財産を残す＝与える」という思考を持っているはずです。与えるのは、お金に限らずちょっとした情報や知識かもしれないし、「着なくなった服は欲しい人にあげてる」だって立派な与える行為です。

とにかく、相手に求めたものは自分のなかにも必ずあると信じて探しましょう。

理想の条件が自分のなかにもあると納得できれば、もっと自分が好きになれます。良いパートナーシップとは、同じ資質を持つ者同士、お互いの長所を認め合い、深め合っていくことです。この感覚がわかると、本当にすぐ相手が現れます。実際、このワークをやった私の学校の生徒さんからは、次々と嬉しい報告が届いています。

自分の
思考を見直す
Work❹

最高のパートナーを引き寄せる

あなたが本当に望んでいるパートナーはどのような人なのかを知るために、以下を書き出してみましょう。

1. 最高のパートナーの条件を書き出す。

何個書いてもOKです。できるだけ細かく書き出しましょう。

①

②

③

④

⑤

⑥

⑦

⑧

⑨

⑩

3. 相手に求めた理想の条件が、自分のなかにあるか探す。

1.で書いた理想の条件それぞれについて、対応する自分のなかにもある資質を書き出しましょう。

①

②

③

④

⑤

⑥

⑦

⑧

⑨

⑩

2. その条件のデメリットを書き出す。

1.で書いた理想の条件それぞれについて、対応するデメリットを書きます。

①

②

③

④

⑤

⑥

⑦

⑧

⑨

⑩

次に進むために過去のトラウマと決別する

ここでもう一つワークをご紹介します。

ワークの目的は、過去のトラウマと決別することです。

恋愛や結婚では、過去に傷ついたこと、憤《いきどお》ったこと、苦労ばかりでうんざりさせられたことなど、ネガティブな記憶がある人もいるでしょう。

そうした記憶は「考えないようにしよう」と思っても、潜在意識にこびりついているため「あなたが寝ている間に」夢のなかで繰り返されて増幅されてしまいます。結果的にその記憶が「またあんなイヤな思いはしたくない……」と、新しい恋や結婚へのブレーキになることもよくあります。記憶にフタをするのではなく、一度見直してみましょう。

過去のトラウマを見直す

① 別れた人に関するネガティブな記憶をすべて書き出す

たとえば「仕事が続かず、私の収入をあてにして働かない」「バカにされて暴言を吐かれた」など、一つひとつ思い出してみましょう。「これまで曖昧にしてきたけれど、あのときすごく傷ついたのはなぜだったんだろう?」と自分の気持ちを振り返り、言葉にしてみるのもいいでしょう。

洗いざらい書いて吐き出しただけでも、心の奥のモヤモヤが晴れます。

② ネガティブな体験から得たメリットを考えて書き出す

「彼が働かないから、私が頑張るしかなかった。おかげで今の会社で主任になれた」「暴言を聞きたくなくて、よく家を飛び出した。おかげで散歩の楽しみを知った」など、どんなつらい体験のなかにも、自分にとってプラスの面があったのではないでしょうか。冷静になれる今だからこそ、じっくり考えてみましょう。

③ 別れた人のネガティブな記憶の一つひとつが、自分の思考の現れであると認めていく

別れた人に関するネガティブな記憶の一つひとつが、自分の思考の一部分の現れであることを認めていきます。

たとえば、「バカにされて暴言を吐かれた ⬇ 私も心のなかでは人をバカにしたり、怒鳴りつけたりしてきたな」「仕事が続かず、私の収入をあてにされる ⬇ 私も学生のときは、思いつきで興味の湧いた習い事をはじめてはすぐやめるを繰り返して、親のスネばかり齧《かじ》ってきたな」など。

今まで私ばかりが傷つけられてきたと思っていたけれど、実は私も人を傷つけてきたことに気づけてよかった。気づかせてくれてありがとう！

そんなふうに過去の傷を感謝に変えることができると、次に進めるようになります。

イヤなことがあって会社を辞めたという場合にも使える方法です。

過去のトラウマと決別する

イヤな過去ときっぱり別れるために、
以下を書き出してみましょう。

1. 別れた人に関するネガティブな記憶をすべて書き出してください。

・

・

・

・

・

・

・

2. ネガティブな体験から得たメリットを考えてすべて書き出しましょう。

・

・

・

・

・

・

・

3. ネガティブな記憶の一つひとつが、実は自分の思考の現れであることを認めていきましょう。あなたのどんな思考が、ネガティブな現実を生み出したのでしょうか?

・

・

・

・

・

・

・

「片思いのあの人」に振り向いてもらうには？

あの人に振り向いてほしくて、あの手この手で追いかけている人はいませんか？偶然を装って、会社の前で待ち伏せしようか。それともパソコンがわからないふりして、「教えて、教えて」作戦に出るか、なんて。

片思いにときめく気持ちはわかります。ただ、追いかけた時点で、残念ですが、その恋は赤信号なんです。なぜなら、追いかける心理の裏にあるのが「私は選ばれない」という思考だからです。

ちょっと考えてみてください。もしあなたが「待っていれば、絶対彼のほうから来てくれる」と信じているなら、追いかける必要はないはずです。追いかけるのは、本当は「待っていても、彼は絶対来てくれない。だから自分から行くしかない」と思っているからではないですか？

何度も書いてきたように、心の奥で信じている本音が現実を創ります。だから、望み通り「選ばれない」という現実が現れます。追いかければ、追いかけるほど、彼は逃げていってしまうのです。

ほかに夢中になれるものを探す

そうだったのか……と気づいたら、彼への思いはいったんどこかにしまって、追いかけるのをやめてみましょう。その代わり、ダンスを習うでもいい、絵を描くでもいい、何か打ち込めるものを探しましょう。

何かに夢中になると、潜在意識に「夢中」の思考がたまります。すると、誰かがあなたに夢中になってくれます。それは念願の彼かもしれないし、彼以上にステキな全然違う人かもしれません。**いずれにしても、追いかけなくても、向こうから愛とハッピーが勝手になだれ込んでくるのです。**

元カレ・元夫には執着しない

別れた元カレや元夫のことが忘れられない。

振られてしまったけれど、どうしても復縁したい。

そんなご相談もよくいただきます。

ふとしたときに楽しかった思い出がよみがえったり、「あのときこうしていれば、まだ続いていたかも……」という後悔が湧いてきたり。

精神的にまいってしまって、何をやっていても虚しいとおっしゃる方もいます。未練はつらいものです。

でも、もし「あの人以上の人とは、今後も出会える気がしない」と思っているとしたら、思考の仕組みから言えば、それは「私の人生、これよりいいことはもう起こらない」と信じているのと同じ。自分で自分の評価を下げていることになります。

リニューアルした最高の自分になる

本当に復縁したいなら、そんな自分を一回リセットしましょう。

前の項目にも書いたように、何か夢中になれるものを探してください。「これが好きだな」と思えることをたくさん作って、それに打ち込む一生懸命な自分を好きになってください。

あなたは無限の可能性を持っているのです。思い切りリニューアルした最高の自分になって、やり直すのではなく新しい未来を創りましょう。

そう思えたとき、必ず最高の出会いがやってきます。それは別れたあの人かもしれないし、まったく別の人かもしれません。

パートナーシップで大切なのは、被害者にならないこと

恋愛やパートナーシップで、自分が被害者になるのは簡単です。

ショック、傷ついた、悲しい、つらい……と苦悩の表情を浮かべて、心のシャッターを閉ざせばいいのです。

相手は自分が悪いことをしてしまったんだと、罪悪感を感じるでしょう。

オロオロして、あなたのご機嫌をうかがうようになるかもしれません。

理由もわからず、謝ってくるかもしれません。

でも、いいんです。だって、私は傷つけられた〝かわいそうな人〟で、あなたは、私を傷つける〝悪い人〟なんだから。さぁ、土下座でもすればいい！

以上は、架空の物語です。もちろん、被害者になれとすすめているわけでもありま

せん。ただ、私たちは無意識のうちに、愛しているはずの相手にこんな残酷な仕打ちを与えてしまうことがあります。

子ども時代の思考が影響しているのかも

なぜ、こんなことをしてしまうのでしょう？

これは、Ｐａｒｔ１に書いた子ども時代の思考とも関係します。親が愛を与えてくれなかったせいで、私はこんなに不幸。そもそもの出発点は、そんなひねくれた思い違いです。

悪い親に復讐するには、自分が被害者になって、親に罪悪感を植えつけなければなりません。後悔させなきゃなりません。そのために、自分はずっと不幸で居続けようとします。

子どもにとって、親は自分をいちばん愛してほしい人。

だから、大人になった今、いちばん愛してほしい恋人やパートナーを身代わりにして、傷ついた、ショックというポーズをとり続けてしまうのです。親の代わりに謝らせようとしているのです。

でも、こんな幼いやり方では、いつまでたっても良い関係を築けません。相手を土下座させたところで、今度は自分が罪悪感にさいなまれるだけで、幸せにはなれません。そこに気づきましょう。

あなたの本音は何ですか？

本当は愛してほしいだけ。失うのが恐いだけではありませんか？

だったら、「傷ついた」とだけ言って閉じこもるのではなく、ちゃんとコミュニケーションをとりましょう。

「あなたはそのつもりじゃなかったと思うけど、あのときこう言われて寂しくて、だからつい黙り込みストライキしちゃって」

「ああいう言い方をされると、私、つい拒絶されたとカン違いしちゃって、あなたに負けないぞ！　という態度になっちゃうの。ごめんなさい」

コミュニケーションのコツは相手を悪者にせず、ただ自分の気持ちを伝えることです。そうやってお互い理解し合おうとするのが、良いパートナーシップを創る第一歩なのです。

自分のなかの〝暴れ回る子ども〟を癒やす

「どうせ私のことなんか愛してくれないんでしょ」

「どうせ私なんか大事じゃないんでしょ」

など、同じく愛情に迷子になってしまった人のなかには、恋人やパートナーに対してわざと嫌われるような言動をとる人もいます。

・意地悪をしたり悪態をつく
・わがままを言う
・急に無視したり連絡を絶ったりする
・その気もないのに、別れ話をほのめかす
・ギャンブルやアルコール中毒すれすれの飲酒など、問題行動に走る
・病気になる（仮病ではなく、本当に病気になってしまう人もいます）

こうした自虐的な行為のなかには、「こんな自分でも愛してくれるのか？」「受け入れてくれるのか？」と無意識に相手を試す心理が働いています。思春期の子どもが、親の関心を引きたくて、わざと不良になって暴れ回るのと似ています。

ハワイのホ・オポノポノの癒やし

ご存知の方もいらっしゃると思いますが、ハワイの伝統的なセルフクリーニング（心の浄化）の方法にホ・オポノポノと呼ばれるものがあります。

ホ・オポノポノでは、潜在意識のことをウニヒピリと呼びます。誰のなかにもいる幼い頃の自分自身のことです。

その子は、表面は暴れ回っていても、心の奥ではいつも小さく縮こまっています。いつも不安です。どこかで劣等感を抱え、自分を肯定することができません。

その内なる子どもに「ありがとう」「ごめんなさい」「ゆるしてください」「愛しています」の４つの言葉をかけることで癒やしてあげようとするのが、ホ・オポノポノの考え方です。

この癒やしの方法を、思考流にアレンジしてみました。

それが次の項目でご紹介するワークです。

「自分は大切にされてきたんだ」「愛されてきたんだ」という思考を増やして、子どもの頃のいじけた自分を安心させてあげましょう。

子どもの頃の自分に愛をいっぱいあげる

子どもの頃の自分が自分のなかにいると仮定して、大人の自分がその子に毎日語りかけます。

外へ出かけたら「空がきれいだね」。
ティータイムには「さあ、あたたかいお茶を飲もうね」「お菓子もあるよ」。
ご飯を食べるときは「今日はオムライスだよ」「おいしそうだね」。
夜になったら「歯磨きしようね」「お風呂に入って髪を洗おうね」。

こんなふうに、「おはよう」にはじまり、「おやすみなさい」とベッドに入るまで、何をやるのでもいちいち話しかけてあげるのです。自分がお母さんか幼稚園の先生になった気分でやるのがコツです。

心のなかで言うのでもいいのですが、誰もいない場所なら、ひとりごとを言う感じで声に出してみてください。

時空を超えて過去の自分を癒やす

こうすることで、内なる子どもに「いつもあなたのことを思っているよ」というメッセージを届けることができます。「私のことを大切に思ってくれているんだ」「気にかけてくれているんだ」と安心させてあげることができます。

潜在意識には時間の概念がないので、時空を飛び越えて過去の自分を癒やしてあげられるのです。

バカバカしいと思うかもしれません。最初はちょっと気恥ずかしいかもしれません。でも、実際にやってみるとわかるのですが、これは本当に落ち着きます。モヤモヤとした不安や寂しさがなくなり、心がとても穏やかになっていくのです。

すぐに変化を実感できるワークなので、おすすめです。

パートナーが100%喜ぶ魔法の言葉

では最後に、一瞬でパートナーシップを良くする秘策をお伝えしたいと思います。

そんなものがあるのかとお思いですね。あるんですよ、これが！

そこで最初に頭に入れておいていただきたいのは、男性と女性ではそれぞれ思考の傾向に違いがあることです。そのため、生きるうえで何を大切にするかの価値観も、それぞれ違ってきます。

男性の場合、何より大切なのが社会的立場です。たとえば「結婚するなら収入が安定してから」と言う男性も多いように、パートナーに安心してもらうためにも、まずは社会で認められる人間にならなきゃと考えるのが彼らです。

そのためリストラなどされようものなら、もう大変。自分のことを「生きる価値ナシ」と思い詰めるほどショックを受けて、実際自殺してしまう人もいるくらいです。

その点、女性はリストラくらいではへこたれません。「なによ、こんな会社」とさっさと見切りをつけて次へ進むたくましさを持っています。

女性も男性同様、外に出てバリバリ働く人が増えていますが、女性たちが大切にしているのは社会的立場ではないからです。

では、女性にとって何が重要か？　それはズバリ「共感」です。

リストラであれば、女性がショックを受けるのは、リストラされた事実より「部長はどうして私に相談してくれなかったのか？」「私の話を聞いてくれなかったのか？」と、気持ちを共有できなかったほう。

そのためパートナーシップでも、ご主人の役職が上がることより、自分の話を聞いてくれること、気持ちをわかってもらうことのほうが大切です。

だから、「忙しい」と毎日帰りが遅い夫には、イライラさせられます。

「どうせ私の話なんか聞く気ないんでしょ」と「お帰りなさい」を言う気にもなれません。「きみのために頑張って働いているのに……」というご主人の心の叫びは聞こえません。

こうして、「日々、妻の機嫌を気にしてドキドキしながら帰宅する夫と、それを冷ややかに迎える妻」という構図ができあがってしまうわけです。

このままでは間違いなくパートナーシップの危機です。そうならないためにも、ここは共感力が高い私たち女性が、先に歩み寄ってあげましょう。

ここで、パートナーシップが劇的に良くなる、魔法の言葉をお教えしましょう。

ご主人の帰宅のチャイムが鳴ったら、まずは玄関までお出迎え。そしてドアがガチャッと開いた瞬間、両手を胸の前で招き猫の手のようにキュッと丸めて、首をかしげてこう言いましょう。

「お帰りニャン♡」

「えーーーー！」と照れている場合じゃありませんよ。

男性は、社会で揉まれる緊張感でガチガチになっています。だからこそ、こんなちょっとバカっぽいひと言に脱力して、家庭をくつろぎの場として安心できるようになるのです。それにちょっとかわいいでしょ。（えっ、かわいくない？）

とにかく、これをやると世のご主人方は間違いなく100％喜びます。はじめはちょっと照れて、「ど、どうしたんだ⁉」と驚くご主人もいると思いますが、日に日にやみつきになって、しまいにはご主人さんが「ただいまニャン♡」と返してくるケースも！（笑）

私の学校の生徒さんによれば、パートナーシップが良くなっただけでなく、ご主人が「出世した」「給料が上がった」など、素晴らしい効果も実証済みです。

逆にご主人に提案したいのが、言葉ではありませんが、バラの花束を奥さんにプレゼントすることです。

「バラ色の日々」という言葉もあるように、バラは幸せの象徴として多くの人の思考に刷り込まれています。ですから、その幸せ感が本当のハッピーを運んできてくれるのです。奇跡のようないいことがたくさん起こりますので、ぜひお試しください。

Part5のまとめ

「私は愛される」と
決める

あなたの本心は、
潜在意識が
知っています

「いい男はみんな
結婚している」は
禁句

理想の
相手の条件は、
あなたのなかにも
ある

Part6

気づくだけで
お金が
ザクザク入る!

3億円の臨時収入が降ってきた

「思考の仕組みを使えば、お金持ちになりたい夢も叶いますか？」

そんな質問に対する答えは、もちろんイエスです。現実は100％、自分の思考が創ります。ただの一つも例外はありません。**お金持ちになりたいのになれていないとしたら、それは「どうせムリ」というあきらめの思考のほうが分量が多いからです。**

だって家も貧乏だったし、親以上になれるなんて思えない。
だって会社員だから、給料、いきなり爆上がりなんて絶対ない。

「ムリ」と思い込むのは、そんな固定観念があるからでしょう。
ではここで、あなたの固定観念がガラガラと崩れるようなお話をしましょう。
主人公は、思考の学校を受講してくださったMさん。普通に結婚して家庭を持ち、普通の会社で普通に働く会社員の男性です。

そんなMさんが、思考の勉強をはじめてすぐに、お勤めの会社から臨時収入を受け取りました。いくらだと思いますか? 10万円、100万円……? いいえ、そんなもんじゃありませんよ。

その額、なんと3億円です!! 驚きですね。

まずは人を喜ばせること

なぜ普通の会社員が、そんな巨額のお金を手にできたのでしょう?

潜在意識に「大金が欲しい、大金が欲しい、大金が欲しい……」という思考を植えつけたというわけではありません。

Mさんがやったのは、やはり子どもの頃の記憶と向き合うこと。両親や兄弟とのいろいろな思い出を振り返り、結果的に気づいたのは、「自分は十分に親から愛され、与えられて生きてきたのだな」という思考でした。

そこでMさんは考えたんですね。「親が自分に与えてくれた愛を、これからは自分が周りの人たちに与える側になろう」と。そして会社でそれを実践するうち、あるアイディアが浮かびました。作業をもっと効率化できるシステムがあれば、社員みんなが喜んでくれるだろうな。

そうやってできあがったMさんのアイディアが、会社で採用されました。そのうえ特許取得まで実現し、Mさんにはその使用料として3億円が払われたというわけです。

もともとMさんが思考の勉強をはじめたのは、「毎月家計費が10万円足りなくなる。それをなんとか改善したい」が理由でした。それが、10万円どころじゃない、とてつもないラッキーが降ってきたのです。

その後、Mさんは自宅のローンをすべて返済し、マンションを2つ購入したと聞きました。奥さまとの仲も良く、とても幸せそうです。

お金は、目の前の人を喜ばせた先についてくるものです。

たとえば、お客さまに喜んでもらおうと最高の料理を提供するレストランは流行るし、みんなが困っている問題を解決するような商品を発売すれば、大ヒットします。

そう考えると、Mさんが大金を手にできた理由もよくわかります。

お金が欲しいと言いながら、心のなかに「こんなに働いているのに、給料これっぽち」「会社は私を認めてくれない」などの怒りがあれば、怒りが返ってくるだけです。

そうではなく、「自分は会社にどんな貢献ができるのか?」「どうしたら世の中の役に立つだろう」と考えてみてください。

お金は必ずちゃんと後からついてきます。

使っても減らないお金の使い方がある!?

私たち日本人には、昔から「清貧こそ美徳」という価値観がありました。

だからでしょうか。今も、人前でお金の話をするなんて「はしたない」と考える人も多いようです。

たとえば、私の最初の著書『宇宙一ワクワクするお金の授業』(すばる舎)は、おかげさまでご好評をいただいたのですが、本のタイトルに「お金」という文字があるだけで、年輩の方のなかには「まあ、なんと欲深な!」「世の中の人ってそんなにお金持ちになりたいのかしら」と皮肉っぽく目を背ける人もいるのです。

でもそれは、「お金持ち＝お金がすべての拝金主義者」と、ネガティブにとらえているからではないでしょうか。

使い方さえ間違えなければ、お金は本来ステキな体験を運んできてくれるものです。

・友人と食事に行く
・お父さんに誕生日のプレゼントをあげる
・仲間と旅行に出かける
・映画やコンサートを楽しむ

など。お金そのものは使えば減りますが、その代わり良い思い出が残ります。「ありがとう」「楽しかったね」などの言葉からは、ポジティブなエネルギーをもらえます。お金は減っても豊かさが手に入るのです。

だから、「お金持ちになりたい!」という夢は大賛成。

健全に欲しがり、じゃんじゃん稼いで、楽しく使っていきたいものですね。

お金に対する不安をなくす

ただし、お金は恐怖の感情とセットになることがあるので気をつけましょう。

たとえば、お金を払うたびに「また減った」「もったいない」と苦々しく思うのであれば、それは潜在意識のなかに「お金がなくなったらどうしよう……」という恐れがあるからです。

こうした恐れがあると、お金がいくらあっても不安です。

以前、知人の一人にとても裕福な奥さまがいました。都心の一等地の高級マンションに住み、良い車に乗り、良い服を着ていました。子どもたちも一流会社に勤めています。はたから見ると何の悩みもなさそうです。

それなのに、彼女はいつも恐れているのです。

「夫ももうすぐ定年だし……」「悪い人に騙されたらどうしよう……」と。

不安な人は、1000万円あっても1億円あっても不安なのです。

つまり、お金に対する不安は、額は関係ないのです。もっというなら、お金そのものに対する不安ではなく、幼少期に感じた愛の不足感が癒されていけば、お金に対する不安は減っていきます。

「何かあったときのため」に貯金すると「何か」ある

お金がなくなる恐怖や不安から、できるだけ節約して一生懸命貯金している人もいます。もちろん節約も貯金も悪いことではありません。

ただ、思考は確実に現実化します。

恐怖や不安をうめたい理由でお金を貯めれば、逆に恐怖や不安になる出来事が起きても不思議ではありません。

ある日突然病気になったり、事故やトラブルにあったり。

私の友人は「何かあったときのために」と貯金していたのですが、あるとき突然、大病を患い、その治療費はとても高額でした。

「良かった。こんなときのために貯金しておいて」と友人は笑っていましたが、違います。何かあったときのために貯金したから、そうなったのです。

同じように「老後が不安だから」と貯金すると、詐欺にあうなど本当に不安が現実化することもあります。

貯金するなら、「定年退職したら海外移住するため」「資格取得の講座に通うため」など、ポジティブな目的のために貯めるのがおすすめです。

「誰かの価値を上げるとお金がやってくる」法則

寄せられる相談で多いものの一つに、「夫のお給料がいつまでたっても上がらない」という悩みがあります。

話を聞いてみれば、たいていの奥さまが「うちの旦那は、出世競争に敗れた負け犬なんです」「専門技術もないから、箸にも棒にもかからない」など、もう言いたい放題（笑）。グチを吐き出すのは、半分ストレス解消なのかもしれません。でもやはり、旦那さんに対するそんな決めつけが、現実を創ってしまいます。

こんな場合の解決策は、まず「給料が上がらない旦那さんを創ったのは私」だと気づくこと。そして親との関係の見直しと同じように、旦那さんの良いところを書き出すことです。

・子どもの面倒をみてくれる
・自分のお小遣いは少ないのに、給料は全額渡してくれる
・私の実家の両親のことをいつも気づかってくれる

これだけでも素晴らしい旦那さんじゃありませんか！

その素晴らしさを認めて、「今まで文句ばかり言ってごめんなさい。いつもありがとう」と心のなかであやまって感謝しましょう（もちろん、直接伝えてもいいんですよ）。

これまで私のところに相談に来てくださった方々は、これを実践したことで、ほぼ100％旦那さんの収入が上がりました。

なかには定年退職して嘱託《しょくたく》で働いていた旦那さんのお給料が大幅にアップしたというケースもあります。旦那さんご本人も、「こんなことはうちの会社じゃ異例中の異例だ」と驚いていたそうです。

自分の価値を認める

これまでお金にまつわるいろいろなケースを見てきて、今、私が確信していることがあります。

それは、「お金は、身近にいる誰かを上げたとき、突然入ってくる」という法則です。

「上げる」とは、その人を尊敬すること、価値を認めて大切にすることです。

私たちは相手が身内だと、親しいゆえについ横柄になって下に見てしまうことがあります。でも、実はそんな相手こそいつも自分のそばにいてくれて、愛を与えてくれている人なのです。旦那さん（パートナー）もそうですし、ご両親もまたそうです。

そして、ここからがさらに大事。

いちばん「上げ」てほしいのは、あなた自身。自分で自分の価値をもっと認めて、大切にしてほしいのです。

「私なんか……」と自己卑下しているうちは、お金に恵まれません。

でも、自分の価値を上げれば、その価値の高さに見合ったお金がザクザク入ってきます。資産運用をしている人なら、保有株の価格が上がるという嬉しいサプライズもあるはずです。

自分を上げる生活習慣

最後に「自分上げ」のために心がけたい習慣をご紹介します。

①部屋をきれいにする

一つは部屋の掃除です。断捨離をすると運が良くなると言いますが、思考の仕組みから言ってもまさにその通りです。

モノがごちゃごちゃで片付いていないのは、自分の思考もごちゃごちゃだということの現れです。自分を雑に扱っているのと同じです。みなさんは、大切なお客さまが来れば、恥ずかしくないように部屋を片付け、清潔なスリッパやタオルを用意しますよね。**それと同じように、自分を超VIPだと思って、部屋をいつもきれいで快適な状態にしておきましょう。**

② 理想の人に会う

もう一つは、あなたが理想とする幸せそうなお金持ちの人がいたら、できるだけ会う回数を増やすこと。その人が行きそうな場所へ足を運んだり、その人が主催する勉強会や講演会があれば参加してみるのもいいでしょう。

自分の思考にないものは、現実化しません。**理想の人の立ち居振る舞いやものの考え方をしっかり潜在意識に刻んでおきましょう。**

Part6のまとめ

会社員だって
億万長者に
なれる

お金に関する
不安や恐れを
捨てる

身近な人の
素晴らしさに
気づくと
金運アップ

「自分上げ」で
お金持ちが似合う
あなたになる

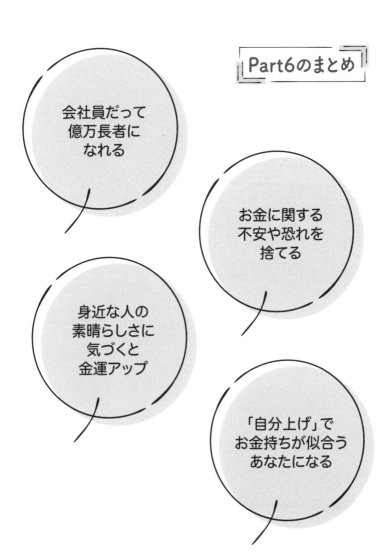

Part 7

夢を叶える思考法

「好き」を味方につける

現実を好転させる最強の思考、それは「好き」という言葉です。

無意識ですが、私たちは日々「好き」をガソリンにして行動しています。

たとえば近所にたくさんある美容院。あなたは何を基準に選んでいますか？

内装の雰囲気が好き、美容師さんが好き、世界観が好き、値段がリーズナブルなのが好き……など、それぞれ自分のなかにある「好き」の価値観で選んでいるのではないですか？


あの映画が好きだから観に行く。

あの景色が好きだから、あそこへ旅行する。

あの人が好きだから、会いに行く。

「好き」は、本当に私たちの行動すべての原動力になってくれるのです。

それに「好き」のパワーは絶大です。

たとえば、いつもはなかなか起きられないのに、好きな趣味や好きな人とのデートの日は目覚ましが鳴る前にスッキリ起きられる。

大好きなアーティストの追っかけ費用をためるためなら、バイトの掛け持ちもまったく平気♪

「好き」は、なぜこんなにパワフルなのでしょう？

それは、「好き」という思考は、自分が主人公の主体的で積極的な思考だからです。

これがもし誰かに強制されてやらされているとしたらどうですか？　パワーもやる気も湧かずゲンナリですよね。

ただ、それがわかっていても、私たちは「好き」より世間の「こうあるべき」「しなければ」にとらわれがちです。

親に「こうしなさい」と言われたから。

○歳だから、浮かれてる場合じゃない。

社会人として、それは恥ずかしい。

その結果、自分の本音がわからなくなって、人生がつまらなく感じたり、イライラが募ったりするのです。

ワークで「好き」の思考をためる

そこで、175ページで自分の「好き」を再確認するワークをしてみましょう。

好きなこと、好きな場所、好きな物、好きな人、好きな音楽……何でもいいのでとにかく思いつく限り書き出してみましょう。書くうちに、顕在意識ではすっかり忘れていた「好き」を思い出すこともあるでしょう。


このワークの良いところは、「好き」の思考を無条件に大量に集めて潜在意識にどんどんためていけることです。すると、あなたが「大好き」「嬉しい」「ワクワクする」と感じることが次々と起こります。

自分で起業している場合や、接客業の人なら「あなたが好きです」とファンになってくださるお客さまも増えるでしょう。

そして、「まだ将来、何をやっていいのかわからない」という人も、安心してください。あなたが書いた「好き」のなかに、「あれ、私ってペット関係が好きなのかな」「食べることが好きなんだな」など、将来の仕事につながるヒントがあるはずです。

こんなふうにいろいろな楽しみが詰まったワークです。

思考は寝ている間に潜在意識にしっかり組み込まれていきますので、夜寝る前に取り組むのがおすすめです。

人生を楽しむともっと幸せになれる

好きを味方につけると、次にやってくるのは「楽しむ」の境地です。

Ｐａｒｔ３ではスポーツ選手がもう一歩上に行くためには、勝ち負けのこだわりを捨てるのが大事だとお伝えしましたが、さらにワンランク上に行く方法が、この楽しむこと。よくオリンピック選手などが試合前のインタビューで「楽しんできます！」と言いますが、まさにそれです。

楽しむという感情は、自分を心地良い状態にすることです。

心地良ければ脳にアドレナリンやドーパミンといった活性化成分が出てエネルギー

が湧き出します。私たちが大好きなワクワクの状態です。

ワクワクすれば、頼まれなくても自分から進んでやりたくなります。やる気を出そうと思わなくても自然にやっちゃいます。仕事でも趣味でも、どれだけやっても疲れません。スポーツではこんな状態を「ゾーンに入る」といいます。ボールが止まって見えるくらい完全な集中状態に入るので、ムリをしなくても結果が出せるようになるんですね。

私たちの人生も、毎日ワクワクしていれば、こんなふうにいろいろなことがうまくいくと思いませんか？


私は、人生は楽しむためにあると思っています。

誰にも遠慮せず「好き」をもっと増やして楽しみましょう。あなたが楽しめば、周りの人にも楽しくハッピーな現実がやってきます。

自分の
思考を見直す
Work❻

「好き」の思考を潜在意識にためる

絶大なパワーを持つ「好き」の思考を集めて現実を好転させるために、
大好きなこと、大好きな物などを書き出しましょう。

1. あなたの好きなこと、好きな場所など、「好き」と感じるものを思いつく限り書いてください。

・

・

・

・

・

・

・

・

・

・

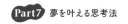

夢を叶える3つのステップ

ここまで読んでくださったあなたは、「現実は100％自分の思考が創っている」ということを、もう理解していただけたと思います。

ということは、夢を叶えるには？　そうです。「こうなりたい」という思考をどんどん増やせば、そうなった現実を引き寄せることができるし、今の気に入らない現実は、自分の思考を変えれば創り直すことも可能です。

「いやいや。私、『こうなりたい』という夢をこれまで何万回も思い描いたけど、でも、全然叶いませんでした」と、反論する人もいるでしょう。

多分ですが、そんな人は、あと一歩で夢が手に入るという良いところまで行ったのに、何かの理由であきらめてしまったんじゃないかなと思います。

そこで、ここからは順を追って夢を叶えるコツをお伝えします。自分はどこであきらめてしまったのか、きっと気づいていただけるはずです。

まず大前提である思考の法則①
現実化のスピードは思考の量と比例する（115ページ参照）

つまり、思考の量が多ければ速く現実化するし、少なければ現実化は遅くなるということです。

そして、この思考の量によって、夢は段階的に叶っていきます。
わかりやすいように、あなたの夢を結婚だとして説明しましょう。

◎第1ステップ

「よし、結婚しよう」、そう決めた今は、まだ潜在意識のなかにその思考は少ししかたまっていません。
すると、あなたの夢は自分から距離の遠いところで現実化します。たとえば芸能人が結婚したニュースが飛び込んでくるなどです。

◎第2ステップ

あなたは「結婚したい」という思考をもっとためていきます。本書の最高のパートナーを引き寄せるワーク（123ページ）を実践するなどの努力もしています。すると今度は、知人や職場の同僚が結婚するなど、あなたから距離の近いところで夢が現実化します。

◎第3ステップ

さらに思考がたまりました。今度は、あなたのもっともっと近いところで夢が現実化します。たとえば親友や妹が結婚するなどです。

ここで思考の法則②

思考の量と現実化の距離は比例する

芸能人 ⬇ 知人や同僚 ⬇ 親友や姉妹といった具合に、思考の量が少なければ遠くで、多ければ近くで夢が現実化するということです。

さて、ここからがポイントです。

芸能人や職場の同僚が結婚したときは「へぇ」くらいで何とも思わなくても、この段階で親友や妹が結婚したら、心が大揺れしませんか？

本来なら親友の幸せこそ喜んであげるべきなのに、素直に喜べずメラメラと嫉妬の感情が湧いてきたりします。そして半分ヤケになって「やっぱり夢なんか叶わない」「どうせ私だけ結婚できませんよ」などと投げやりになってしまいます。

本当は、親友や妹の結婚は、あなたが思考したから現実化したもの。しなかったら、現実になっていません。

ここまで距離が近づいてきたのですから、あと一歩なのです。

でも、思考の仕組みを知らない人は、ここで嫉妬の感情に翻弄《ほんろう》されて自暴自棄になってしまいます。冒頭に書いた「夢が叶わなかった」という人も、おそらくここで挫折したのではないでしょうか。

「できない」「ムリ」というネガティブな思考は、ものすごい速さで潜在意識にたまって現実化されます。せっかく第3ステップまで来たのに、「結婚できない」という現実のほうが手に入る結果となってしまったわけです。

あなたのすぐそばで夢が叶ったとき、それは「次はあなたですよ！」という潜在意識からのサインです。嫉妬なんかする必要はないんです。

「やったね、おめでとう！」と親友や妹を心の底から盛大に祝福して、あなたのターンがくるのをワクワクして待ちましょう。

この3つのステップは、結婚に限らず、留学や好きな仕事をゲットする、家を買うなど、どんな夢を叶えるときも同じです。

来た、来た、来たーーーァ！　っと歓声を上げる日が必ず来ます。

ネガティブな出来事は幸福への羅針盤

「私はこんな現実、絶対創ってませんってば！」

そう声を大にして言いたい出来事もありますよね。

たとえば会社の倒産 ⬇ 会社のせい、不景気のせい。私がそんなこと操作できるはずないじゃないですか！

交通事故にあう ⬇ 相手の不注意のせい。私は偶然あの交差点を通りがかっただけ。

確かに、顕在意識で考えればその通りです。**でも事態を呼び寄せたのは確実にあなたの思考。**将来倒産する会社を選ぶのは、潜在意識のどこかに「働きたくない」という思考がある場合が多く、交通事故にあう人は何かに不満を持っていて攻撃思考があることも多いのです。

でも、どちらも決して悪いことではありません。もちろん被害を受けた方はたいへんな思いをしていらっしゃいます。失礼な言い方になってしまい申し訳ありません。

ただ私がここでお伝えしたいのは、こんなふうに強烈なインパクトを持つ出来事こそが、自分の思考に気づいて、やり直す大きなチャンスだということです。

病気も思考が創る

病気もまた同じです。

実は私は、40代半ばで、乳がんと診断されました。

当時の私はちょうどパートナーシップのことでうじうじと悩んでいた真っ最中。がんは進行すれば死の病と言われますが、あの頃の私は気力もなく「もう死んじゃってもいいか」というような投げやりな思いがどこかにあったのだと思います。

すでに思考の仕組みを知っていたので、がんと宣告された瞬間は、「まさか、私が!」ではなく、「なるほど。そりゃなりますよね」と妙に冷静でした。

けれど、子どももいるし、死んでる場合じゃありません。がんになったのは、「そのいじけ思考をさっさとやめなさい」という潜在意識からのメッセージだったのでしょう。そこでやっと私は、自分の思考を変えようと決意したのです。

「今までごめんね。気づかせてくれてありがとう」

自分で自分に謝って、病気になったことへの感謝の気持ちでいっぱいでした。

その後は自然治癒力を引き出す自然療法「快医学」と出会ったこともあり、結局、リンパに転移もしていたのに、私のがんは3カ月で消えてしまいました。手術も抗がん剤もなしにです。

思考を見直すだけで、こんな良い未来もやってくるのです。

みなさんも心配しないでください。何が起きても大丈夫。最初は痛みを感じても、それは必ず幸福への羅針盤となります。そんなふうに考えて、ぜひこの人生をワクワクと楽しんでいきましょう。

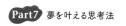

病気と思考の関係

病気にはさまざまな原因がありますが、メンタルも大きく影響します。

どこの臓器に不調が現れるかで、自分のネガティブな思考の傾向がわかりますので参考にしてみてください。

肝臓	怒りの感情とつながる臓器と言われています。自分のなかに誰かや何かに対する怒りはありませんか？
胃	食べたものを受け入れ消化する器官です。たとえば「転勤の辞令が受け入れがたい」など、何かを受容できず苦しんでいる思考はありませんか？
腸	判断とつながる臓器と言われています。最近、何かを決められなかったり迷ったりした出来事はありませんでしたか？
肺	悲しみや寂しさの感情とつながる臓器です。気がつかないうちに、深いショックや孤独感がたまっているのかもしれません。
子宮 乳房	女性性とつながる臓器です。パートナーシップや女性の特質である「人を受け入れる」という部分が揺らいでいる場合があります。

Part7のまとめ

「好き」を
たくさん集めると
夢が叶う

人生は
「楽しみます！」で、
どんどん
うまくいく

親友が
夢を叶えたら、
次はあなたの番！

一見不幸な現実は、
やり直すチャンス

現実は100%、私が創っている！

そう考えると、どんなことも

誰かのせいにせず、凛《りん》として生きられます。

どんな願いも軽々と叶います。

未来は自分で自由自在にデザインできるのです。

どうぞ、あなたのなかにある、
すごい現実化のパワーを信じてください。
生きるのがもっと楽しく
おもしろくなります。

感謝を込めて　大石洋子

あとがき

この本に出逢ってくださったことで、あなたの心が少しでもラクになったり、希望が持てるお手伝いができていたりしたら、本当に嬉しいです。

感謝を申し上げたい方がたくさんいます。

まずはわたしの両親と、いつもサポートしてくれる息子に。

そして、スーパーアクティブに人生を楽しまれているスーパー編集者山浦さん。わたしの気持ちを乗り移して？　お手伝いしてくださったスーパーライター金原さん。いつも出版のお世話をすべてしてくださる飯田さん。

わたしの著書をたくさんの人たちに伝え広めてくださった、大王さまこと桜庭露樹さん。

いつも読書会を開いてくれている思考の学校の講師さんたち。

それから、わたしの心を支え続けてくれているけんじさん。

本当に感謝しかありません。

いつもいつも変わらぬ愛を注いでくださって本当にありがとうございます。

今後は、宮増侑嬉という名前で活動していきます。これからもよろしくお願いします。

２０２３年４月18日

大石洋子（宮増侑嬉）

[著者プロフィール]
大石洋子（おおいし・ようこ）
一般社団法人 思考の学校 校長
30歳の時に息子を授かったが、夫の仕事が忙しくワンオペ育児によって産後鬱に。出産前に自宅でしていたアロマサロンを再開したものの業務に追われ夫との関係が悪化し、離婚──。人生が八方塞がりとなる。その後、「思考が現実化」する仕組みを学び、実践した結果、スルスルと現実がよい方向へ。「思考が現実化」する仕組みを多くの人に知ってもらいたいと考え、一般社団法人 思考の学校を起ち上げる。10年以上ものカウンセリング経験に基づいた分かりやすい解説が好評を得て、現在はカウンセリングと認定講師養成講座をメインに開催している。「思考の学校」の受講生は1万人を超える。著書に、『宇宙一ワクワクするお金の授業』（すばる舎）、『7日間でなりたい私になれるワーク』（あさ出版）がある。

ブログ　https://ameblo.jp/ariettyarietty/
思考の学校 公式HP　https://shikounogakkou.com/
思考の学校 YouTube　https://www.youtube.com/@yokoooishi

気づくだけで人生が好転する　思考のレッスン

2023年6月1日　第1刷発行
2024年11月1日　第6刷発行

著　者　大石洋子
発行者　唐津　隆
発行所　株式会社ビジネス社
〒162-0805 東京都新宿区矢来町114番地
神楽坂高橋ビル5階
電話 03(5227)1602　FAX 03(5227)1603
https://www.business-sha.co.jp

カバー印刷・本文印刷・製本/半七写真印刷工業株式会社
〈装幀〉ナカジマブイチ（boolab）
〈イラスト〉大石洋子／若泉さな絵（P19）
〈編集協力〉金原みはる
〈協力〉合同会社DreamMaker
〈本文デザイン・DTP〉関根康弘（T-Borne）
〈営業担当〉山口健志　〈編集担当〉山浦秀紀

ISBN978-4-8284-2527-6

好評発売中 ビジネス社の本

やることが多すぎて、余裕がない人必読！

キマジメさんの「いっぱいいっぱい」でしんどい！がラクになる

セルフ・マインド・マネジメント

日本マインドワーク協会代表理事

濱田恭子

「本当は大変なのについ『大丈夫』と言ってしまう」
「他人に頼むなら自分でやったほうが早いと思う」

人は無理を続けると心の中がいっぱいになって、しょっちゅうイライラする、眠れない、ぐるぐるいつまでも考えてしまう、気がつくと人の話が聞こえていない……などの症状が現れたりします。本書は、心理の専門家が、心の中にたまった負の感情を軽くして、心に余裕をもたせるコツを紹介します。

ISBN978-4-8284-2324-1
定価 **1,430**円
（本体1,300円+税10%）